公開霊言

ルターの語る「新しき宗教改革のビジョン」

RYUHO OKAWA
大川隆法

まえがき

一般にルターと言えば、激しくも情熱的で、ドイツを代表する宗教改革者といったイメージであろう。そしてローマ・カトリックの総本山バチカンからは、頑固《がんこ》で偏屈《へんくつ》で、悪魔の如《ごと》き男だと思われていたことだろう。

だが実際のルターは、繊細《せんさい》で、神経質で、学者的な気質を持っていたと思われる。

現実には、歴史的にみると、ルターの働きが、地中海圏のキリスト教文明に対抗する、北方《ほっぽう》ヨーロッパの強国化につながっていったように思う。宗教戦争ではたくさんの血も流れた。

巨富《きょふ》を集めて建てたサン・ピエトロ寺院に対抗して、グーテンベルクの発明による活版印刷を使ったドイツ語聖書普及で「万人司祭主義《ばんにんしさいしゅぎ》」を唱《とな》えたルター。歴史は彼を、「知識の民主主義化」によって、教皇権《きょうこうけん》と戦った英雄にまつり上げる。二千冊近い著書を出して世界的宗教改革を押しすすめている私にとっても、本書は「勇気の一冊」となった。

二〇一五年　十月二十一日

幸福《こうふく》の科学《かがく》グループ創始者兼総裁《そうししゃけんそうさい》　大川隆法《おおかわりゅうほう》

公開霊言　ルターの語る「新しき宗教改革のビジョン」　目次

公開霊言　ルターの語る「新しき宗教改革のビジョン」

二〇一四年三月二十二日　霊示《れいじ》
東京都・幸福の科学　教祖殿《きょうそでん》　大悟館《たいごかん》にて

2
ルターが語る「宗教改革の時代」　37

「霊言現象《れいげんげんしょう》」とは、あの世の霊存在の言葉を語り下ろす現象のことをいう。これは高度な悟《さと》りを開いた者に特有のものであり、「霊媒現象《れいばいげんしょう》」(トランス状態になって意識を失い、霊が一方的にしゃべる現象)とは異なる。外国人霊の霊言の場合には、霊言現象を行う者の言語中枢《ちゅうすう》から、必要な言葉を選び出し、日本語で語ることも可能である。

なお、「霊言」は、あくまでも霊人の意見であり、幸福の科学グループとしての見解と矛盾《むじゅん》する内容を含《ふく》む場合がある点、付記しておきたい。

公開霊言

ルターの語る「新しき宗教改革のビジョン」

二〇一四年三月二十二日　霊示《れいじ》

東京都・幸福の科学　教祖殿《きょうそでん》　大悟館《たいごかん》にて

マルチン・ルター（一四八三〜一五四六）

ドイツの宗教改革の創始者。『聖書《せいしょ》』をキリスト教の唯一《ゆいいつ》の源泉《げんせん》にするという考えの下《もと》、当時発行された免罪符《めんざいふ》に対し「九十五箇条《かじょう》の論題」を突《つ》きつけ、カトリック教会に大きな影響《えいきょう》を与《あた》え、プロテスタント教会の源流をつくった。また、『聖書』をドイツ語に翻訳《ほんやく》し、近代ドイツ語の成立に貢献《こうけん》。カタリナ・フォン・ボラとの結婚《けっこん》で、「牧師《ぼくし》の結婚」という伝統もつくった。

質問者　※質問順

武田亮《たけだりょう》（幸福の科学副理事長 兼《けん》 宗務《しゅうむ》本部長）

石川雅士《いしかわまさし》（幸福の科学国際本部国際編集局長）

市川和博《いちかわかずひろ》（幸福の科学専務理事 兼 国際本部長）

〔収録時点・宗務本部第一秘書局担当局長 兼 海外伝道推進室長〕

1　宗教改革者マルチン・ルターを招霊《しょうれい》する

キリスト教において新教の源流をつくったルター

大川隆法　一昨日《おととい》（二〇一四年三月二十日）は、ハイデガーを招霊《しょうれい》して意見を求めたところですが（『超訳霊言《ちょうやくれいげん》　ハイデガー「今」を語る　第二のヒトラーは出現するか』〔幸福の科学出版刊〕参照）、今日は、マルチン・ルターに現在の考え方がどのあたりにあるかを聞いてみたいと思っています。

今、三男の裕太《ゆうた》が、ルターの生家《せいか》のあるドイツに行っているところです（注。大川裕太は二〇一四年

『超訳霊言 ハイデガー「今」を語る 第二のヒトラーは出現するか』（幸福の科学出版）

三月二十日から二十七日にかけて、ヨーロッパの各支部等を視察した。『大川裕太のドイツ支部・ロンドン支部 英語座談会』〔宗教法人幸福の科学刊〕参照）。

その三男が、出かける前の日に、「ハイデガーは、ナチスと協力関係にあったと言われていますが、どうなのですか？」と、見解《けんかい》を訊《き》いてきたので、一昨日、ハイデガー自身に訊いてみました（前掲《ぜんけい》『超訳霊言 ハイデガー「今」を語る 第二のヒトラーは出現するか』参照）。

それから、その前日には、「宗教改革をしたルターは、今、何を考えているのですか？」と訊かれましたが、これについても、私は考えていなかったので（笑）、ご本人に訊いてみないと分かりません。

彼は、今、ドイツを巡《めぐ》っていますので、幸福の科学のドイツ支部で、万一《まんいつ》、宗教改革問題等の質問が出てきたときのために、そのようなことを知りたいのだろうと思います。

いずれにせよ、ルターのことは、調べておいて損はありませんし、せっかくのいい機会なので、霊言を収録するチャンスかなと思っています。

ルターは、かつてミカエルというかたちでは（霊言が）出たことがありますので（注。ルターは大天使ミカエルの魂《たましい》の兄弟とされている。『黄金の法』〔幸福の科学出版刊〕参照）、同じような考え方なのか、多少違《ちが》う考え方なのかどうかは分かりませんが、おそらく、ドイツ的な立場に立った意見を何か言うかもしれません。

ルター自身は、「新教」の流れをつくった宗教改革者として有名で、「プロテスタントは、この人がいなければなかったのではないか」と思われ、結果的に、キリスト教界を二分《にぶん》することをした人です。

『黄金の法』
（幸福の科学出版）

ルター以前に宗教改革の先駆《さきが》けとなったウィクリフとフス

大川隆法　ただ、キリスト教における宗教改革は、ルターが初めてというわけではありません。ルターの百年ぐらい前にも、ボヘミアのフスが、やはり宗教改革を始めています。そのとき、「フス戦争」も起き、ローマ教皇と戦っていました。

ルターにおいても、後《のち》に、農民戦争にもつながっていったところがあります。ただ、農民戦争について、ルターは必ずしも賛成していなかったようなので、このあたりは、立場的に少々ややこしいところがあります。

それから、フスとほぼ同時代に、イギリスにおいてウィクリフが、宗教改革の狼煙《のろし》を上げました。これが、英

ヤン・フス
(1370頃～1415)
ボヘミアの宗教思想家。プラハ大学学長。『聖書』をチェコ語訳した。

ジョン・ウィクリフ
(1330頃～1384)
イギリスの神学者。オックスフォード大学教授。『聖書』を英訳した。

国国教会への助走になったのかもしれません。

いずれにしても、中世からローマ・カトリックがヨーロッパを一元支配していたことに対する反旗が、ヨーロッパの北のほうを中心に始まっていたということは言えるでしょう。

ルターが宗教家になることを決意した意外な理由

大川隆法　ルターは、日本人から見ると「日蓮《にちれん》みたいな激しいタイプの人」というイメージがありますが、実際のルター自身は、非常に神経質で、どちらかといえば、臆病《おくびょう》なところもあり、自力で運命を開拓《かいたく》するような人ではなく、他力的な面があった方のようです。「よいことをすれば天国へ行く」というようなセルフ・ヘルプ型の

日蓮（1222～1282）
日蓮宗宗祖。『法華経』至上主義を掲げて他宗批判を展開するとともに、内乱外寇の危機を予言。主著『立正安国論』。

考え方を持っていたというよりは、どちらかといえば、「救いは、恩寵《おんちょう》として与《あた》えられる」といった考え方を持っていた人のようです。

マルチン・ルターは、農民の出身で鉱夫《こうふ》をしていたハンス・ルダーの子として生まれましたが、頭がよかったために大学に行かせてもらえることになり、エルフルト大学に入学します。

父親は、ルターが法律学の勉強をして法律家になることを希望していましたし、本人もそのつもりでしたが、大学の教養課程が終わったあとあたりに、一つの出来事に遭《あ》います。シュトッテルンハイムという村

1505年、シュトッテルンハイムで落雷に遭い、一緒にいた友人は命を落とした。このときに必死で聖アンナに助命を願ったことを契機に、ルターは宗教家への道に入ることを決意した。

で、突然《とつぜん》の嵐《あらし》に襲《おそ》われ、大きな雷《かみなり》が近くの木に直撃《ちょくげき》し、一瞬《いっしゅん》、失神《しっしん》するような目に遭ったのです。そのときに、ルターは思わず知らず、「聖アンナよ、どうぞお助けください。私は修道士になりますから」と叫《さけ》んで、願掛《がんか》けをしてしまいます。聖アンナは、当時、その土地で多くの人々に信仰《しんこう》され、守護神《しゅごしん》のようによく呼ばれる名前でした。

その結果、命が助かったことを受けて、ルターはその約束を守るべく、法律家になるのをやめて宗教家になったのです。

ルターが、法律学の勉強をしながらも、法律家にはならずに宗教家になっていったという点では、私も、少し身につまされるような思いがあります。

大学卒業前のそういう経験を経《へ》て、「修道士になります」という約束どおりに、聖アウグスチノ修道会に入ることになります。

それに対し、父親のハンスは、「せっかく大学へ行かせた息子《むすこ》で、法律家にしたかったのに、『修道会に入る』というのは、ちょっと予定と違う。それは、神の声じゃなくて、悪魔《あくま》の声じゃないのか?」と反対をしたようです。

こういうものは、おそらく今でも同じようなものでしょう。法学部へ入った子が、その後、宗教の道に進んだら、同じようなことを言われるのではないかと思いますが、当時、ルターの父親も、「それは悪魔の声だ」と言ったようです。

ルター自身は、その落雷《らくらい》のときに命を救われた経験もありましたし、その二年ぐらい前にも命が助かった経験をしています。護身《ごしん》用に持っていた短剣《たんけん》を誤って自分の腿《もも》に刺《さ》す事故が起き、動脈を切って瀕死《ひんし》の状態になったことがあったのです。そのときにも、聖アンナに「助けてください」と願掛けをして祈《いの》り、命が助かったといいます。そういう経験が二

マルチン・ルターの父、ハンス・ルダー。鉱山業に従事。非常に厳格で、ルターが修道士になるときも反対した。

回あったわけです。

先ほど、ルターの父親が鉱山の採掘《さいくつ》の仕事をしていたと述べましたが、「聖アンナ」というのは、「鉱山の守り神」ともいわれている方です。

これは、ある意味で、日本における「南無阿弥陀仏《なむあみだぶつ》」のようなものかもしれませんが、急場《きゅうば》しのぎに救いを求めるときによく使われていたようです。

「聖アンナ」は、ドイツの民族神的なものなのか、古来からの土着《どちゃく》の神様なのか、いまひとつ分からないものがありますが、どちらかといえば、お稲荷《いなり》さんやお地蔵さんにでも願掛けしたような感じもしないわけではありません。このあたりに、少しおかしみが

聖マリアの母・聖アンナは「出産」や「鉱業」の守護者ともされている。

あります。

「全知全能の神」に祈ったわけではなく、そうした「守護神」や「守り神」とされていたような神に祈っていたような人が、その後、バチカンと対立するような立場に立っていくという、非常に不思議な関係です。

ここに、何か深い意味があったのかどうかは、私には分かりません。ただ、ルターは、聖アンナに祈って助かったとき、自分で「修道士になります」と誓《ちか》ったため、人生の方向が、法学部系から神学《しんがく》部系に変わり、修道士になったわけです。

ラテン語の『聖書《せいしょ》』を平明《へいめい》なドイツ語に翻訳《ほんやく》したルター

大川隆法　その後、彼は、バチカンから破門《はもん》されました。

そして、名主（フリードリヒ三世）に匿《かくま》われている三カ月ぐらいの間に、ルターは、当時普及《ふきゅう》していたラテン語の『聖書《せいしょ》』を、猛《もう》スピードでドイツ語に訳しました。そのときに使用したドイツ語が、文法的にも文章的にも、現在の標準的なドイツ語の基本となったという、別な面での偉業《いぎょう》もあります。

このあたりは、ボヘミアのフスが、現在のチェコに当たるところで、当時、フスが影響《えいきょう》を受けたイギリスのウィクリフの著書をチェコ語に訳し、それが、チェコ語の文法および文章のもとになり、現在のチェコ語が成立したのと似たようなところがあります。

このように、「語学の成立」と「宗教的な成立」とは、比較《ひかく》的関係があるらしいということが分かります。

そういうわけで、それ以前は、教養階級、高学歴で専門的な勉強をし

ヴァルトブルク城に匿《かくま》われている間、短期間でドイツ語訳『聖書』を翻訳したルター。

て、ラテン語の『聖書』の教学をした人でなければ教えられなかった『聖書』を、ドイツ語に訳すことにより、読み書きができるドイツ人であれば、自分で『聖書』を手にして読むことができるようになりました。

例えば、現代日本の僧侶《そうりょ》が、漢文のお経《きょう》を読むときに、南方の中国語ともいわれる独特の呉音《ごおん》で読んだりしますが、日本人が聞いても、何を言っているのか分からない読み方ができるために、彼らの職業が成り立っているところがあります。それと同じように、平明《へいめい》な現代の日本語に訳すようなかたちで、難しいラテン語の『聖書』を平明なドイツ語に訳したわけです。

ちょうどグーテンベルクの活版《かっぱん》印刷が流行《はや》ってきたころだったこともあり、『聖書』が手に入りやすくなり、各家庭にドイツ語訳の『聖書』が普及していったのです。

ルターの思想のなかには、『聖書』に基《もと》づく「聖書中心主義」や、「みんなが聖職者になれる」という「万人《ばんにん》司祭主義」といった考えがありました。

当時の教会には、お金や女を欲《ほ》しがるような堕落《だらく》した修道士も数多くいたようで、本当に、もう悪いことをたくさんしていました。そのため、「『聖書』に戻《もど》り、自分で『聖書』を読み、信仰を立てよう」というような関係になっていったわけです。

それだけであれば、いわゆる無教会主義的なもので終わったかもしれませんが、ルターは教会制度をつくることにも成功し、「旧教」に対抗《たいこう》する「新教」も出来上がっていきました。

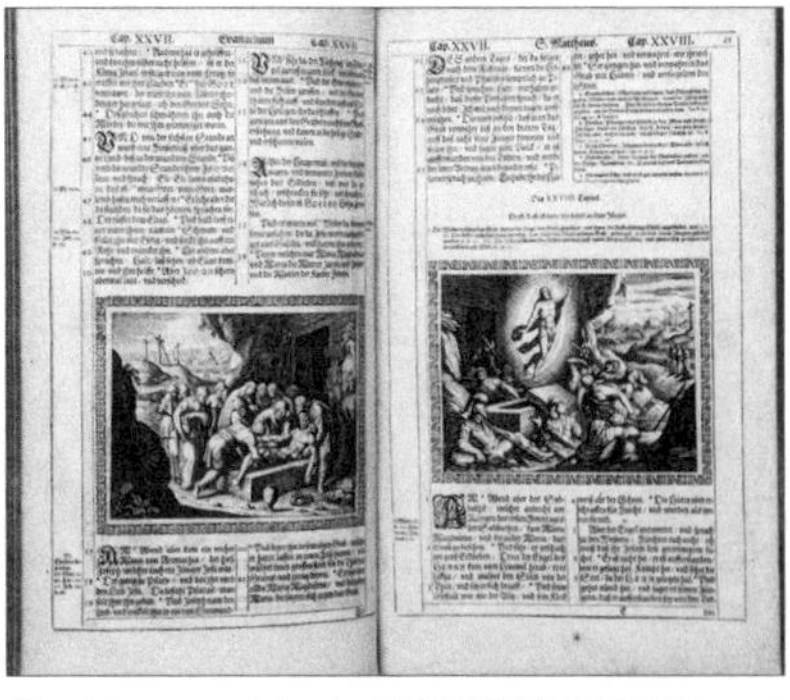

グーテンベルクによる活版印刷の発明と、ルターのドイツ語翻訳によって、急速に普及した『聖書』(上：ハンブルク美術工芸博物館蔵)。

ルターの最初の講義はわずか十二人ぐらいだった

大川隆法　ただ、ルターの「負《ふ》の遺産《いさん》」としては、その後、「三十年戦争」等が起きて、ドイツが非常に疲弊《ひへい》したということがあります。

ルターの信仰は戦闘《せんとう》的なものではなく、受動的で、救いを他力的に求めるようなものであったために、多くの人が死に、ドイツの国の体力が弱りました。

ちなみに、その後、ビスマルク等がドイツを改革して、それがドイツを強国に変える基礎《きそ》になりました。その流れのなかから、ナチスのヒットラーによる独裁的な強国ができたのではないかと言われています。

そういうこともありましたが、ルターについては、ある意味で、ドイツの国力そのものを弱くしたり、外

オットー・フォン・ビスマルク（1815～1898）
ドイツ帝国初代宰相。プロイセンの拡大に寄与し、「鉄血宰相」と称される。

国から非難を受けるような立場に国を置いたりしたという面が、「負の遺産」として指摘《してき》されているわけです。

いずれにしても、ルターの登場は、世界史的な事件でした。

彼が書いた「九十五箇条《かじょう》の論題」を城内の扉《とびら》に掲《かか》げたとされるものが有名ですが、当時、印刷技術ができていましたので、それが印刷され各地に流布《るふ》することにより、宗教改革の嵐は広がっていった面もあるようです。

また、ルターは、神学博士号を取り、ヴィッテンベルク大学の教授になって、『聖書』講義を始めたと言われています。

当時のヴィッテンベルク大学は、学生総数二百人ぐらいだったということですから、当会のＨＳＵ（ハッピー・サイエンス・ユニバーシティ）よりも少し小さい程度です。「ルターが講義した最初の『創世記』の講義は、生徒が十二人ぐらいだった」とも言われていますので、源流の初めは小さくても、やがて大きくな

●ＨＳＵ（ハッピー・サイエンス・ユニバーシティ）　「現代の松下村塾」として2015年に開学の「日本発の本格私学」（創立者・大川隆法）。「幸福の探究と新文明の創造」を建学の精神とし、初年度は「人間幸福学部」「経営成功学部」「未来産業学部」の3学部からなる（4年課程）。2016年春には、新たに「未来創造学部」が開設予定。

っていくことがあるという「希望の原理」として、これも一つ知っておいたほうがよいでしょう。

そのように、「思想には力がある」ということです。

ほかにも、『旧約聖書』も含《ふく》めた『聖書』についての講義を数多くしています。

サン・ピエトロ寺院建設のための献金《けんきん》活動に異を唱《とな》えたルター

大川隆法　ルターは、一四八三年に生まれ、一五〇一年にエルフルト大学に入学し、一五一二年、神学博士号を取ってヴィッテンベルク大学で『聖書』を教える教授となりましたが、一五一七年、免罪符《めんざいふ》の問題に対し、「九十五箇条の論題」を提示しました。

イタリアに行った人でしたら分かると思いますけれども、この免罪符は、バチカンのサン・ピエトロ寺院の建設費用を集めていたものだと思います。

教会を建てるためにお金を集めること自体は当たり前のことであり、当会も宗教の立場としてとても言いにくいところではありますが、当時の教会の評判があまりにも悪かったのでしょう。

　おそらく、生活の苦しい人々は、お金を巻き上げられる感じが強く、領主からも教会からも二重の税金のように取られていたため、かなり苦しかったのだろうと思います。

　また、どれほど真実を伝えているかは分かりませんが、布教《ふきょう》の仕方についても、

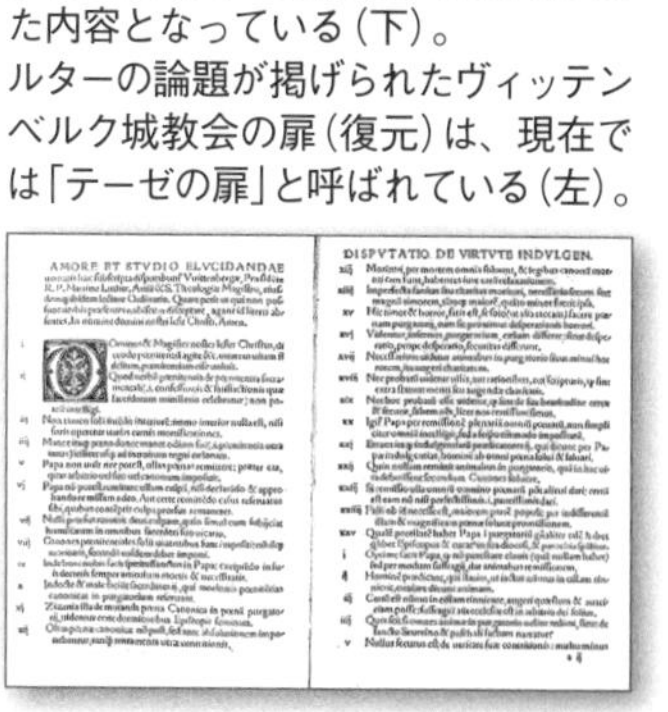
AMORE ET STVDIO ELVCIDANDAE

DISPVTATIO DE VIRTVTE INDVLGEN.

1517年にルターが掲げた「95箇条の論題」は、その正式名称を「贖宥状の意義と効果に関する見解」といい、教会の発行する贖宥状に疑問を呈した内容となっている（下）。
ルターの論題が掲げられたヴィッテンベルク城教会の扉（復元）は、現在では「テーゼの扉」と呼ばれている（左）。

「賽銭《さいせん》箱に投げ込《こ》んだお金の音が鳴るたびに天国に近づく」というようなことも言っていたと言われています。

宗教をしている立場としては、なかなか簡単には否定し切れない面もありますし、サン・ピエトロ寺院は立派な建築でもあり、役に立ったとも思われるので、このあたりについては、それぞれの立場の見解はあるでしょう。

新しく始めるものは、お金もなく、小さいため、批判的になりますが、大きくなると、やはりどこも似たようになってくるところはありますので、今ではカトリックもプロテスタントも、同じようなところはあるのではないかと思います。

「僧職者《そうしょくしゃ》も結婚《けっこん》できる」という流れをつくったルター

大川隆法　それから、ルターは元修道女のカタリナ・フォン・ボラと結婚《けっこん》していて、プロテスタントの牧師《ぼくし》は家庭を持ってもよいことになっています。

　カトリックでは、正式には、僧職者《そうしょくしゃ》は結婚できないことになっていますが、例外として、奥《おく》さんに代わるような人を持つことも、一割ぐらいはあったと言われています。

　プロテスタントの牧師のほうには、奥さんや子供がいてもよく、だいたい、教会に住み込んで家族で教会を守り、子供を跡継《あとつ》ぎにする形式が出来上がってきたということがあります。

　そのようなこともあって、カトリックが厳しめの戒律《かいりつ》を持っているのに対し、プロテスタントはやや緩《ゆる》めだと言われています。

　例えば、大学生が女子学生に声をかけるときなどには、「カトリック系の子はやめて、プロテスタント系の子に声をかければ、だいたいついてきてくれるから、宗派《しゅうは》をよく見極《みきわ》めなきゃいけない」などと、冗談《じょうだん》半分に言われていますが、プロ

カタリナ・ルター
（1499 ～ 1552）
マルチン・ルターの妻。牧師夫人として、家庭面からルターの仕事を援助した。

テスタント系もいろいろあるようです。

それはさておき、ほかに触《ふ》れておくとすれば、印刷技術の普及に合わせて、当時のドイツで、ルターは大量の小冊子や書籍《しょせき》を出版したということがあります。以上、さまざまなことについて述べましたが、ルターは、一五四六年に、六十二歳《さい》で亡《な》くなりました。

キリスト教の改革者マルチン・ルターの本心を訊《き》く

大川隆法　それでは、ルターを招霊《しょうれい》します。

おそらく、日本語でも話はできると思いますが、いちおう、ドイツ語でお呼び申し上げたいと思います。

Guten《グーテン》 Tag《ターク》, Martin《マルティン》 Luther《ルーテル》.（こんにちは。マルチン・ルター。）

Ich《イッヒ》 bin《ビン》 Ryuho《リュウホウ》 Okawa《オオカワ》.（私は大川隆法です。）

Das《ダス》 ist《イスト》 Hauptzentrale《ハウプトツェントラーレ》 von《フォン》 Happy《ハッピー》 Science《サイエンス》.（ここは、幸福の科学の総合本部です。）

Kommen《コメン》 Sie《ズィー》 bitte《ビッテ》 zu《ツー》 unserem《ウンゼレム》 Tempel《テンペル》.（私たちの寺院に来てください。）

Martin《マルティン》 Luther《ルーテル》,（マルチン・ルターよ。）

kommen《コメン》 Sie《ズィー》 bitte《ビッテ》 zum《ツーム》 Tempel《テンペル》.（こちらに来ていただけませんか。）

Martin《マルティン》 Luther《ルーテル》, Luther《ルーテル》...（マルチン・ルター、ルター……。）

（約十秒間の沈黙《ちんもく》）

マルチン・ルター(1483 ~ 1546)

いわゆるプロテスタントの祖として、キリスト教に一大宗教改革をもたらしたマルチン・ルターは、サン・ピエトロ大聖堂の建築のためにカトリック教会が贖宥状(免罪符)を発行していたことに対して疑問を持った。贖宥状によって罪が軽減されるという説明は「善行によって義とされる」(行為義認)という思想であり、「人は信仰によってのみ義とされる」(信仰義認)と深く確信していたルターにとって、人間が許しを与えるのは越権行為だと考えた。そこで、「95 箇条の論題」を掲げ、たった一人でカトリック教会に議論を挑むことになる。

ルターは『ドイツ国のキリスト教を信ずる貴族へ』『教会のバビロン捕囚について』『基督者の自由について』を矢継ぎ早に発表。1 年間で133 もの小冊子を発行した。教会から破門される一方で、賛同者が次々と現れ、宗教改革のうねりはやがて諸国へと拡大していった。

(写真:ザクセン州ツヴィッカウ郡キルヒベルクのルター像)

2 ルターが語る「宗教改革の時代」

「ローマ法王の支配権」に対して火種《ひだね》や反乱が起きていた

マルチン・ルター　ああ……。うん……（咳《せき》をする）。

武田　こんにちは。

マルチン・ルター　うーん、うん。

武田　マルチン・ルター様でいらっしゃいますでしょうか。

マルチン・ルター　うーん、そうだ。

武田　本日は、幸福の科学大悟館《たいごかん》にお越《こ》しくださいまして、まことにありがとうございます。

ルター様ご在世《ざいせ》時から約五百年たった現代ではありますが、ルター様が今、新たに何を考えていらっしゃるのか、特に、現代に求められる「新しき宗教改革のビジョン」についてなどをお教えいただきたいと思ってお呼びいたしました。どうぞ、よろしくお願いいたします。

マルチン・ルター　うん、うん。

武田　現在、キリスト教は、世界に二十億人以上の信者を持つ世界三大宗教の一つであり、「カトリック」や、ルター様の改革運動によって生まれた「プロテスタント」などの宗派《しゅうは》に分かれています。

現代のキリスト教を踏《ふ》まえまして、「約五百年前になされた宗教改革とは、いったい何だったのか。ルター様はどのように評価しているのか」というところからお話を伺《うかが》いたいと思います。よろしくお願いいたします。

マルチン・ルター　まあ、現在のように交通の便もよくないし、通信の便もよくない時代において、ローマ法王が、ヨーロッパのあらゆる国について、いちおうの支配権を持っているような状態というのは、君らの嫌《きら》いな全体主義にも似たようなところがあるじゃないか。

だから、具体的なことを分かっていて、いちいち判断しているのはいいけども、イタリアを中心とする場所において、一定の考え方をいろんな国に押《お》しつけてもいたし、いろんな任命権も持っていたこともあって、領主《りょうしゅ》との確執《かくしつ》もなかなか多かったですからねえ。

そういう意味で、火種《ひだね》はすでに起きていたし、いろんなところで反乱も起きていたとは思います。

「各人に信仰《しんこう》を戻《もど》せ」という運動が起きた理由

マルチン・ルター　あと、教会独特のやり方として、「言うことをきかないと、地獄《じごく》へ堕《お》ちるぞ」みたいな脅《おど》し方もありますのでねえ。これはキリスト教だけでなく、日本でも、ほかのところでもあると思います。そういう脅しもあるので、信仰《しんこう》深い人はやっぱり縛《しば》られてしまう。いわゆる洗脳されるところもあったので。

そうしたキリストの信仰を自分の国に取り戻《もど》したいし、あるいは、各人に身近なものとして取り戻したいというか、「特殊《とくしゅ》な人が、自分たちに都合《つごう》がいいような解釈《かいしゃく》をすることで広げる。自分たちの組織の利益のために、解釈をして広げる」というやり方から、「各人に信仰を戻せ」という運動であったわけね。

こういう言い方をすると、どこの宗教だって、ある意味では怯《おび》えるかもしれませんが（笑）。まあ、最初は、純粋《じゅんすい》に学問的に研究しているときに生まれた疑問が幾《いく》つかあったことから始まってはおる。

また、現実のいろんな行動だねえ。必ずしもキリストの愛を与《あた》えようとしてやっているようには見えない部分というか、別の意味で、領主に代わるもっと大きな権力を形成するためにやっているようにも見えたところもあるのでねえ。まあ、そのへんは考え方の違《ちが》いがあったのかなあ。

現代にも通じる「知識の民衆化」が始まっていた

マルチン・ルター　だから、不満は溜《た》まっていたんだ。現実には不満自体は溜まっていて、それを抑《おさ》え込《こ》めるかどうか。

まあ、知識の〝民衆化〟というか、〝民主主義化〟が始まっていたのでね。要するに、グーテンベルク革命によって「知識の民衆化」が始まっていたので、民衆はそれほどバカじゃなくなってきた。

まあ、現代もそうだね。政治家と民衆との間には、そんなに知識のギャップがないし、それを倍加するものとしては、マスコミもそのなかにはあるんだろうけどね。

そういう意味で、今は情報の共有がかなりできているけど、昔でも、「『聖書《せいしょ》』が手に入る。自分で読める。ドイツ語で読める。母国語で読める」ということであれば、いいわねえ。

君たちも同じ問題を抱《かか》えていると思うんだ。「本屋で幸福の科学の本を買えるということであれば、信者になる必要はない」ということで、本を読み続けて信者になっていない人は、たぶん、日本中にたくさんいるでしょう？　まあ、外国にもいると思うけれども。だから、ある意味では、信者にし損《そこ》ねている面があるとは思うんだけどねえ。

ただ、「直接の教えが各人に届く」ということは、悪いことではないわね。本屋で本を直接買って、信仰を持っていて、大川隆法さんを信じていても、「支部へ行って、支部長に帰依《きえ》してやっているわけじゃない」という人は存在しているでしょう。組織運営上のいびつな面が出てくれば、そういう人は増えてくるし、知識人ほど、そういう傾向《けいこう》が強いわねえ。

だから、社会的に地位があったり、自分で勉強ができたりするようなタイプほど、そういうふうに組織のなかで活動するのを嫌《いや》がる気《け》はあるわね。そんなものと、少し似ているところもあるのかもしれません。

やや霊《れい》体質であり、「神の召命《しょうめい》」によって聖職者になった

マルチン・ルター　とにかく、私もやや霊《れい》体質であり、神の啓示《けいじ》みたいなものを感じる体質であったので、落雷《らくらい》体験から、「修道士になります」と言って、なった。

ちなみに、『新約聖書』をドイツ語訳するに当たって、ベルーフ（Beruf）というドイツ語は、「神の召命《しょうめい》」「コーリング」に当たることだけど、この召命に「職業」という意味を明確に与えた。「職業というのは神による招きで起きるものだ。だから、法律家になりたいと思っても、神のコーリング、ベルーフがあったら、聖職者になってしまうこともあるんだ」と。

●矢内原忠雄（1893～1961）　経済学者、植民政策学者。無教会主義者である内村鑑三の影響を受け、キリスト教信仰を深める。大戦後復帰し、東大総長（二期連続）を務める。主著『余の尊敬する人物』『イエス伝』等。

まさしく、自分にもそういうことが起きたし、大川隆法さんにも起きていたし、矢内原忠雄《やないはらただお》さんだとか、その他、キリスト教者にもたくさん起きていると思うけどもね。そういう、「神に呼ばれるとき」というのがあるのかなと思うね。

あなたの質問は、「なぜ、（宗教改革を）やったか」ということだったけど、必ずしも、そういう専制的な政治をしたかったわけじゃないのかもしれないが、不確かな情報に基《もと》づく一元《いちげん》管理的な考え方や、聖職者による教義の独占《どくせん》みたいなものに対する、「民主主義的な解放運動」みたいなものが、背景にあったことは事実だね。

新しい宗教を潰《つぶ》す運動をしてきたキリスト教の教会

石川　トマス・カーライルという方が、『英雄崇拝論《えいゆうすうはいろん》』という本のなかで、「僧侶《そうりょ》としての英雄」としてルター様を取り上げておられます。ルター様の成し遂《と》げら

●トマス・カーライル（1795 ～ 1881）　イギリスの思想家、歴史家。英雄的指導者による社会改革を提唱。主著『英雄崇拝論』『フランス革命史』等。

れた宗教改革は、「良心の自由や信仰の自由のために戦ったものであって、近代史上最大の瞬間《しゅんかん》だった」と。

マルチン・ルター　まあ、それは、かなり大げさ。近代では、ほかにもやっている人が、世界各国でたくさんいるから、それは、やや大げさかもしれないがなあ。

石川　と申しますのも、ドイツの都市・ヴォルムスに呼ばれて、教皇から破門されました。

1521年4月、ルターはヴォルムス帝国議会に召喚され、自らの著作についての弁明を行ったが、結局、自説の撤回は拒否。議会が処分を決定する前に、ルターは消息を断ち、ヴァルトブルク城に身を潜めた。以後、ルターの著作はドイツ国内において所持を禁じられた。（アントン・フォン・ヴェルナー画／シュトゥットガルト州立美術館蔵）

マルチン・ルター　ああ、それはあったわなあ。

石川　さらに、カール五世からは、「たぶん、死刑《しけい》の判決が出る」と。要は、「あなたが書いてきたものを引っ込めないかぎり死刑だ」というようなことを言われるわけです。

そこで、あなたは、「一日ください」と頼《たの》んで一日考えまして、「私の良心は、神の言葉によって縛られています。私は、撤回《てっかい》することはできません。また、撤回しようとも思いません。なぜなら、良心に背《そむ》くことは、安全でも正直でもないからです」というようなことをおっしゃって、「良心の自由」「信仰の自由」を守られたと思います。それは確かに、「人権宣言」や「心の自由」など、後世に与えた影響《えいきょう》があったと思うのです。

そのとき、天上界《てんじょうかい》では、どのような宗教改革のビジョンがあったのか、ということをお教えいただければと思います。

マルチン・ルター　まあ、これは難しいわねえ。教会は二千年近くの長い歴史を持っているし、こうしたかたちで新しい宗教が起きてくるような瞬間をたくさん経験しているんだけど、これを一生懸命《いっしょうけんめい》に潰《つぶ》す運動をやってきているわけです。

過去、潰された人はたくさんいただろうと思う。そのなかにも、正しい人や正しい導きを受けた者もあったとは思う。まあ、私なんかは、珍《めずら》しく生き延びて成功した口ではあるんだと思うんだけどねえ。

そういう「内なる啓示」が臨《のぞ》んできたときに、それを「悪魔《あくま》の声」と見るか、「神の声」と見るかということは、自分自身に謙虚《けんきょ》で、確信ができるかどうかということだねえ。

まあ、教団を支配しているローマ教皇から見れば、たいていの場合、全部、

「悪魔の声」にしてしまうことがほとんどだよね。だから、そういうかたちで、過去、ある程度大きな団体になったものが潰されたことは、たくさんあったと思うし、実に実に難しいものだとは思うけどねえ。

神の心を受け入れると「良心の声」と「神の声」が一致《いっち》する

マルチン・ルター　まあ、あえて言えば、「私にそれだけの使命があった」と言わざるをえないし、「インクで字を書いているときに、壁《かべ》から悪魔が出てきたので、悪魔にインク瓶《びん》を投げつけた」という跡《あと》がいまだに伝えられているね。有名な話ですけども。

要するに、悪魔を霊視《れいし》できたわけで、「自分の敵として出てきている者なのか、味方をしている者なのか」という判断はできたわけです。そういう体験自体を、ローマ法王のほうは、たぶん持っていないけれども、自分のほうは、そうした自覚があった。日本だったら、これは新宗教になったようなものなのかもしれないけどね。

やっぱり、純粋に神の心を受容するというか、受け入れるという気持ちになったときに、「良心の声」と「神の声」が一致《いっち》するんじゃないかという感じを持っています。

こうした「内面の連係」というか、「同通」というのかな。まあ、こういうものについて、聖職者でも高位にある者がよく分かってはいなくて、かたちにとらわれて、儀式《ぎしき》とか、着るものとか、建物とか、そういうものにこだわっているケースが多かったように思うんですね。

奇跡《きせき》を見て「何らかの天命がある」と信じた

マルチン・ルター　だから、私の活動が、それほど偉大《いだい》かどうかは分からない。

似たような瞬間は、ほかにもたくさんあったし、日本だけでもたくさんいるし、イエス自身だって、迫害《はくがい》を受けて死を賜《たまわ》っているわけですから、私が死刑宣告されたって、まったくおかしくも何ともないわけです。まあ、ここのところは、キリスト者としての良心の問題かと思うけども。

私には、神秘体験があったのでねえ。その神秘体験から、自分に忠実になったわけです。要するに、父親からだって、「悪魔の声だ」と言われても、それに対して、自分の良心に基づいて神学《しんがく》に向かっていき、実際に戦いが起きたわけだから、旧宗教から見れば、本当に悪魔の活動に見えたのかもしれない。

まあ、自分のやるべきことが、次々と出てきたし、戦い続けましたからねえ。それについて、インスピレーション的に次々と湧《わ》いてくるんです。自分が神の手の一つとなって動いているなら、書いているなら、使命を果たさなきゃいけないし、悪魔ならしかたがないけども、二度も聖アンナに願《がん》をかけて奇跡《きせき》が起きていることから見て、「何らかの天命があるんだ」というふうに信じましたね。

フスの時代と違《ちが》って「近代啓蒙《けいもう》主義的なものが始まっていた」

石川　宗教会議のようなところに行くときに、友達がフス様の例などを出されて、「フスのように殺されるぞ。だから、やめておいたほうがいい」と言って止《と》めたと思いますが……。

マルチン・ルター　うん、それが常識でしょうねえ。

石川　ええ。そう思いますが、その一連の流れのなかには、やはり、「神のご意志」というものがあったのでしょうか。

マルチン・ルター　いやあ、殺されても構わないと思っていた可能性もあるから（笑）、それは分からない。それは相手にもよるし、フスもジャンヌ・ダルクも殺されていますので、私が殺されても、いっこうにおかしくはないけど。

まあ、年代が若干《じゃっかん》、近代になっていたので、たぶん、宗教だけではない面についての意識が、少し変わってきてたんじゃないかと思うんですね。この近代啓蒙《けいもう》主義の胎動《たいどう》というか、近代啓蒙主義的なものがちょっと始まっていたし、ある意味では、「グーテンベルク的な印刷術によって真理が多くの人に共有されたことで、実は判断権者が増えた」ということです。まあ、裁判で言えば、「陪審員《ばいしんいん》が入った」ということだね。今までは陪審員なしで、資格のある裁判官だけでやっていたものに、陪審員の意見が入るようになった。

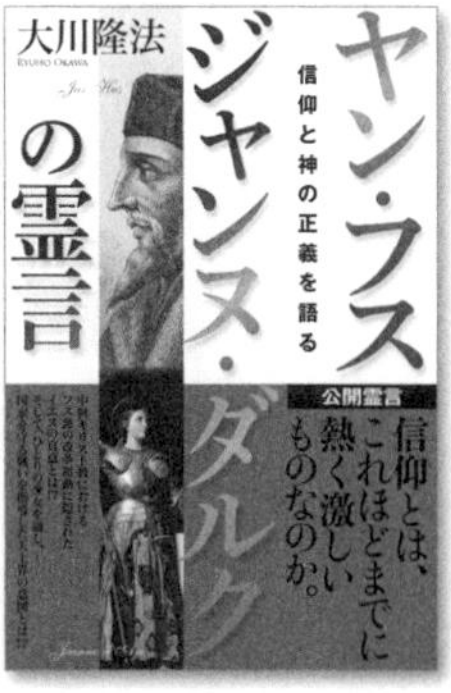

『ヤン・フス　ジャンヌ・ダルクの霊言』
（幸福の科学出版）

だから、それは、『聖書』を読める人たちの意見です。少なくとも、ドイツなら、私がドイツ語に訳した本を読める人も増えてきたしね。

まあ、そういうふうに、全体に啓蒙的な面が昔より上がったし、フス様のころよりも、意識的なレベルというか、識字率とか、知識を手にできる人がやや増えていたし、そういう文人《ぶんじん》も数が増えてきていた。それはヨーロッパ全体に言えていたことなので、そのへんに、ちょっと違《ちが》いがあったのかね。

だから、知識の独占をされていると、完全に〝奴隷《どれい》階級〟になるわけですけども、完全な独占じゃなくなってきていたっていうことがあるのかなあ。

3 「神の下《もと》の自由」と「神のない自由」

「神から降りてきたものが時代に合わなくなる」という問題

石川　今、伺《うかが》ったように、そうした知識が共有されていくところから、「自由」といいますか、〝奴隷《どれい》〟にならないで自立していく流れもできてきたと思います。

ルター様の主著のなかに『キリスト者の自由』という本があり、ルター様は完全に「信仰《しんこう》の下《もと》の自由」という考えだったと思うのですが、その当時、エラスムスなどの人道主義者によって、「神のない自由」のようなものもできてきました。

このあたりは、〝ボタンの掛《か》け違《ちが》い〟なのでしょうか。

マルチン・ルター　まあ、それは現代にまで続いている問題なんですよね。

だから、現代のあなたがたが、政治や法律問題を議論するにしても、「憲法は最高の法規であって、それに背《そむ》くものがあってはいけない。憲法の下に信教の自由もあって、憲法がすべての権利を保障している」というふうな考えがあって、そのなかの一部になっているものもあるけれども、その憲法は、実は人間がつくっているものですよね。

だけど、『聖書《せいしょ》』とか、昔からある教典《きょうてん》の類《たぐい》はみんな、神から降りてきているものです。

「『神から降りてきているもの』と、『人間がつくったもの』とでは、『人間がつくったもの』のほうが上だ」という考えは、若干《じゃっかん》、おかしい感じもするんだけども、歴史を経《へ》て、昔の神が降ろした教えとか、法律に当たるようなものが時代に合わなくなってきて、時代錯誤《さくご》的なものもかなり多くなってきていたからね。

人間がその時代に合わせてつくったもののほうが、より近代的で合理的に見えるようなことが多くなってきたので、「その時代その時代で、人間たちが考えてやったほうがいいんだ。自分たちの意志でつくっていくことこそが自由なんだ」という考えも、一つにはあったわけね。

エラスムスの考えた「人間の判断に基《もと》づく自由」とは

マルチン・ルター　だから、「信仰によって押《お》しつけられた考え方のなかで生きるということは、奴隷の自由なんだ」というふうな、エラスムス的な考えもあったわけだけども。

そうじゃなくて、私のほうは、「領主においては、『信仰を持っている』ということが、領主の存在根拠《こんきょ》であって、『人の上に立ってもいい』というのは、神からの恩寵《おんちょう》である。それを〝奴隷〟と言われるかもしらんけど、一般《いっぱん》民衆においては、一定の信仰のなかで自分の意思決定をしていくことが自由なのだ。信仰のなかでの自由なんだ。だから、信仰のなかで、神様が願われる方向に自分の意思決定をしていくことが、自由の本質なんだ」という考えです。

エラスムス型では、『痴《ち》愚《ぐ》神《しん》礼《らい》讃《さん》』とかは、ずいぶん失礼な本で、「〝いかれた〟神様を信仰する」という題だよね？ 死刑《しけい》になっても当然の題ですけども。こういう、「いかれた神様なんか信じられるか」というような本を出しているわけだね。

これを現代的に言うと、「経済の原理」なんかはそうかと思うんです。まあ、「選択《せんたく》の自由」だね。株を買うときに、「どちらの株が上がるか、下がるか」というのは、個人の自由で選べるじゃないですか。それで、

デジデリウス・エラスムス
（1469頃～1536）
オランダの人文学者。ルターはエラスムスのギリシャ語訳『聖書』をドイツ語訳の底本としたものの、自由意志の問題をめぐっては論争を展開。エラスムスの『自由意志論』に反論するかたちで、ルターが『奴隷意志論』を発表し、エラスムスはさらにその反論を出した。その他の主著に『痴愚神礼讃』がある。

下がる株を買って損をしたら、自分の責任だし、上がる株を買ったら、自分の得ということです。経済的な原理だと、そういう「選択の自由」が働くでしょう？

まあ、エラスムス的な自由は、こちらにつながる自由で、「人間の判断が自由のもとだ」という考えです。

神と信仰《しんこう》があって「人間の尊厳に基づく自由」がある

マルチン・ルター　私のほうは、「神があり、信仰《しんこう》があっての、人間としての尊厳があって、そこに、人間の尊厳に基《もと》づく自由が存在するんだ」という考えです。これなくしての、単なる「選択の自由」や「行動の自由」だったら、「動物の自由」と変わらないわけです。
「ライオンには、カモシカを何頭食べるかという自由がある」とか、「どちらのカモシカを選ぶか、どちらに襲《おそ》いかかるかという自由」とか、こんなものは自由じゃない。動物的なものと変わらないのですから。「神なき自由」という、人間の衝動《しょうどう》的な、あるいは本能的な選択だけの自由が、本当の自由ではない。

今は、それを自由だと思っている人がたくさんいると思いますよ。法治《ほうち》国家のなかにおいて、そう思っている人はいるけども、やっぱり、法律の基礎《きそ》、憲法の基礎に神仏の心のようなものがあるかないかは、ものすごく大きなことだと思う。

今の日本でも、この部分にちょっと欠けている面があるために、法律が神様や基本教義の代わりになる「法律万能《ばんのう》論」になっていて、ここから一切離《いっさいはな》れられないような縛《しば》りがある。

だから、このへんで、二つの自由が分かれているんだと思う。

「選択の自由」のほうは、基本的には、「経済的な繁栄《はんえい》を、自分の裁量というか才覚によって選べる自由」で、これも、ある意味で大事なのかもしれないと思うけども、それほど尊いものではないような気がするね。

4 「人間、罪の子」の思想をどう考えるか

基本的に「罪の意識」を持っている宗教人

武田　今のお話に関連して、ぜひ、ご意見を伺《うかが》いたいことがあります。

キリスト教の各宗派《しゅうは》に共通する根本的な考え方として、「人間は罪の子である」という考え方から出発して、信仰《しんこう》が語られています。

ただ、今伺ったお話では、ルター様は、必ずしも「人間は罪の子である」という思想から出発していないように思えるのです。これに関して、何かご意見はありますでしょうか。

マルチン・ルター　まあ、そういうことでは必ずしもなくて、やっぱり、宗教人《しゅうきょうじん》というのは、みんな、基本的に「罪の意識」を持っているもので、「自分がいかに罪深いか」ということを考えずして、プロの宗教人になった人というのは数少ないと思いますねえ。

私も、そういう意味では、人間として生きて犯《おか》した数々の過《あやま》ちは、やっぱり心のなかにはあった。だから、そのへんについての神の許しは、恩寵《おんちょう》を得なければ許されないのであって、「自分がこれをこうしたから許される」という法律解釈《かいしゃく》や憲法解釈みたいなもので許されるようなものではないんじゃないかと思う。

「法律的な罪」と「宗教的な罪」の違《ちが》い

マルチン・ルター　先ほども、「法学部で法律の勉強をして法律家になるはずの者が、神学者《しんがくしゃ》になった」と言ってたから、大川さんみたいな感じに近いわけだけど、法学部にも、当然、「法律的な罪」と「罰《ばつ》」の判断があるわけです。だけど、これと、「神の名の下《もと》の罪」とは、別のものだわねえ。

だから、そういうのはあるので、もう一段大きなものを感じるか感じないかは人間としての問題だけども、もう一段大きな目から人間を見たときに、やっぱり、「人間は罪の子である」というのは、ある意味では当たってると思う。

ただ、向こう（神）から見て罪の子であると同時に、その偉大《いだい》なる神は、人間を許したもう慈悲《じひ》の存在でもあるというところね。この慈悲を受け入れることが大事なんじゃないかと思うんですね。「その慈悲を素直《すなお》な心で謙虚《けんきょ》に受け入れることで、罪は許される」という考え方かなあ。

だから、「法律的に弁償《べんしょう》をする」とか、「刑期《けいき》を終えたら、罪が消える」とか、「殺人罪を犯しました。一人だったら終身刑です。二人だったら死刑です」とかあるけども、二十年ぐらいで刑期を終えて出所《しゅっしょ》したら、その罪が消えたかといったら、消えていないと思うんですよ。

法律的な罪は消えているかもしれない。二十年たって出所したら、法律的には消えたかもしれないけども、宗教的な罪は、必ずしも消えているとは言えない。「宗教的に消えている」と言うためには、その人の内心がどうかによるね。

だから、罪を犯したことに対する反省が完成していて、相手に対する心からの謝罪の気持ちがあれば、宗教的に許されるものもある。法律的には許されても宗教的に許されないものもあるし、法律的には許されないことでも、宗教的に許されることはあるね。

休日に麦の穂《ほ》を摘《つ》むことを罪とした「モーセの律法」

マルチン・ルター　イエスがなした数多くの行為《こうい》のなかでも、当時の法律に合わせれば、罪に当たることは、たぶんあったんだろうとは思う。

例えば、今のフランスもそうだということだけど、「休日に働いてはならん」とか、そういうことはあった。

これは、モーセの律法に基《もと》づいていることだったけども、「休日に働いた。麦の穂《ほ》を摘《つ》んだ」というのは、今から見ると、あまりにもバカバカしい話だね。「『麦の穂を摘む』というようなことをやった。収穫《しゅうかく》をした。これは労働である。『休日に働くな』という律法に反した。これは死罪に値《あたい》する」ということであれば、法律学的に見てもワープ（飛躍《ひやく》）していることだよね。飛んでいるよね？

安息日に麦の穂を摘んだイエスの弟子に対し、パリサイ派の律法学者が『旧約聖書』の教えに反しているとして非難した。

カトリック的な『聖書《せいしょ》』の解釈《かいしゃく》によるジャンヌ・ダルクの罪

マルチン・ルター　フランスのジャンヌ・ダルクにしても、「オルレアンの少女」といわれて、十七歳《さい》から十九歳まで戦場で戦ってフランスを解放し、そのあとは火あぶりになって殺された方であるけども、この人のだって、カトリック的な『聖書《せいしょ》』の解釈《かいしゃく》による罪だよねえ。

要するに、モーセの教えから来ているものによれば、根本的には、「両親に孝養《こうよう》を尽《つ》くしたかどうか」みたいなことがある。これに対して、親の意見に逆《さか》らって、出家《しゅっけ》ではないけども、農

シャルル７世戴冠式のジャンヌ・ダルク（ドミニク・アングル画／ルーブル美術館蔵）

家の娘《むすめ》が戦場に出ていって戦ったわけです。女だてらに鎧兜《よろいかぶと》を身につけ、剣《けん》を持って戦ったわけですから、これが親の意見に反したという「親不孝の罪」がある。それから、「正式な学問をやっていない、農家の無知な少女であるにもかかわらず、神の声が臨んだ」というようなところに、不遜《ふそん》な嘘《うそ》があるんじゃないかと。そういうようなこととか、いろいろとこじつけ的に見て、「罪を犯した」ということで、火あぶりにするわけです。フランス人の聖職者の判断によって、イギリスに売られたわけですけどね。最期《さいご》は火あぶりに遭《あ》っているわね。そういうことがあるわけです。

いやあ、「法律 対 宗教の戦い」というのは、実は中世ヨーロッパで始まっているわけですね。

「許し」に必要な「人間は神に創られた」という考え方

武田　「人間は、罪を犯す可能性がある存在である」という考え方や、「真理に照らした罪」というものはあると思います。

ただ、「人間には、初めから罪があるのかないのか」ということについては、「人間をどう捉《とら》えるか」において、はっきりと分かれると思います。

と申しますのは、仏教や幸福の科学においては、「人間のなかには『仏性《ぶっしょう》』がある。神や仏と同じ性質が宿《やど》っている」という思想が根底にありますが、こういった考えに関して、ルター様は、どうお考えでしょうか。

マルチン・ルター　まあ、「許しを受ける」という立場から言うと、もちろん、そうした「仏性が宿っている」というか、「人間は、もともと神様に創られたものなんだ」ということを是《ぜ》とする考えがないと、やっぱり許しを受けるに値《あたい》しないところがあると思うね。考え方によっては、「悪魔《あくま》によって創られた」みたいな考えもありえるわけだから。それであったら、許しが得られないところはあるわねえ。

その意味で、「すべての人間が神によって創られた」という考え方が、近代の人権思想を支えているところはあると思う。

男女関係の「罪の意識」を植えつけた『旧約聖書《きゅうやくせいしょ》』

マルチン・ルター　だから、基本的に、私はそちらのほうなんだが、『聖書《せいしょ》』のもとの『旧約聖書』のなかには、そうした神様のほうが非常に心が狭《せま》くて、人間を罰《ばっ》するというか、エデンの園《その》で楽しく暮らしていたのに、「自分が留守《るす》にする間に、何でも自由に採《と》って食べてもいいけれども、中央にある知恵《ちえ》の木の実だけは食べちゃいけない」とある。それはリンゴだとも言われているけども、神様にしては、ちょっと意地悪《いじわる》な設定に見えるわねえ。

だから、これは、どうでしょうかねえ。親が家を出るときに、「何でも自由に家のなかのものを食べてもいいけれども、冷蔵庫のなかのこれだけは食べちゃ駄目《だめ》だ」というような感じのことを言っていたのに、子供がその間に冷蔵庫を開けて、それを食べていたということですかねえ。

「リンゴだけは食べちゃ駄目だ」と言ったのに、食べてしまった。食べると知恵がついて、神様と同じような判断ができるようになるから駄目なんだということだったのに、イブの囁《ささや》きによってアダムも食べてしまったために、それ以後、羞恥《しゅうち》の念が生まれ、イチジクの葉っぱで前を隠《かく》すようになった。それまでは、全裸《ぜんら》で歩いていた者が、イチジクの葉っぱで前を隠すようになったと、まあ、こういうことでしょう? 「だから、羞恥心というものが生まれた」ということになっているわけだけどね。

これは、たぶん、もっと前の「ギリシャの宗教」にもあると思う。ゼウスの宗教においては、素《す》っ裸《ぱだか》で平気で歩くからね。まあ、今でもヌーディストビーチというのがあって、素っ裸で歩きますけど、それについて罪の意識がなかった者が、罪の意識を感じるようになった。それから、男女の関係についても、罪の意識が生まれた。このあたりのところを、微妙《びみょう》に責めているんだと思う。

男女の関係において罪の意識を植えつければ、自分が苦しんだり、まあ、法律にかかわることもあるけれども、そういう苦しみを得ることによって、「自分は

楽園追放となったアダムとイブ（ギュスターヴ・ドレ画）。

神に見放された存在だ」と思うようになる。そういう聖職者も数多くいたんでね。

確かに宗教の問題としては、男女の問題みたいなのはそうとう長く続いている。「なぜ、男女の問題でいろんな堕落《だらく》や破壊《はかい》や失敗や罪が起きるのか」というようなところかねえ。このへんの考え方だろうとは思います。

「他力的な思想」であるキリスト教の特徴《とくちょう》

マルチン・ルター　根本的には、「最終的には許される」という考えを持つ宗教と、「やはり許されない」という考え方を持つ宗教がある。
要するに、「借金をし続けているが、少しずつ返していかなければいけない」と考える宗教と、「根本的には許されているのだが、その神の大きな許しに気づくことが大事であり、それを受け入れることで許されるのだ」と考える宗教があるわけで。まあ、これは他力的な思想だねえ。

ところが、キリスト教は、全体的には他力的な思想ではあるんですけども、この世の人間としての司祭や教皇とかは、いろんな戒律《かいりつ》を立てて、これに反した者を次々と処罰、処分していくので、若干《じゃっかん》、そういう他力的なものが、ルール違反《いはん》を摘発《てきはつ》するような感じの細々《こまごま》したものになっていくところが多かったのかなと思いますね。

5　ルターは現代ヨーロッパをどう見るか

「ヨーロッパにも救世主が欲《ほ》しい」という状況《じょうきょう》

市川　現代のことについて少しお訊《き》きしたいと思います。ルター様が活躍《かつやく》されてから五百年ぐらいたっていますが、今のルター様の視点で、ヨーロッパのなかでも特にプロテスタントが強いドイツをご覧になって、どのようなご感想をお持ちでしょうか。また、未来への指針等はございますでしょうか。

マルチン・ルター　うーん……。ヨーロッパも大変な時期に入っていますねえ。

ＥＵ（欧州連合《おうしゅう》）も数がすごく多くなってきたので、やや統率《とうそつ》を欠いていって、力が発揮できないようになっています。

今、ロシアのプーチンがウクライナ問題を起こしておりますけども（収録当時）、そうした、「烏合《うごう》の衆《しゅう》」のような各国の緩《ゆる》やかな団結と、強力な指導者を持った独裁的な国家では、どちらが強いか」みたいな問題が出てきてしまっていて、たぶん、かなり苦しい状況《じょうきょう》かなあと思います。

それで、「ヨーロッパにも救世主が欲《ほ》しい」ぐらいの感じではあります、ある意味ではね。思想的に統合してくれるというか、新しい道を提示してくれる人が欲しい感じだね。そういう分からない状況でしょうねえ。

救世主的な歓迎《かんげい》を受けたヒットラーの転落

マルチン・ルター　ヒットラーも悪く言われているけど、出現した当初は救世主的な歓迎《かんげい》を受けたわけです（笑）。それから転落していったわけで、ドイツにとって救世主的な出方《でかた》ではあったんですがね、出方自体はね。ただ、それが転落していったわけであるのでね。

まあ、本物の救世主というのは、オリジナルとしては、宗教的に神の意志を伝えると同時に、何て言うか、この世においても勝利しなきゃいけない。ユダヤ教、キリスト教の伝統はそうですよね。

だから、ヒットラー以前にニーチェのような人が出て、「権力への意志」、それから、「弱い神はもう去れ。強い神が必要だ。強い言葉でもって人々を導くような神が必要なんだ」という彼の言葉に乗《じょう》じるようにヒットラーが現れて、強い言葉で国民を引っ張《ぱ》っていって、国力を上げていこうとした。

ここまでは、ニーチェ的な意味での救世主が現れたかのように見えるものはあったと思うんだけども、結果的には多くの殺戮《さつりく》と破壊《はかい》を生み出して、悲惨《ひさん》な結果になった。

逆に、その結果を知っておれば、みんな支持はしなかっただろうと思うけど、これが分からないのが、「人間の弱さ」であるんでねえ。

ヒットラーの反動で強くなったマスコミは正しいのか

マルチン・ルター　そういうヒットラー的なものの破壊もあったけども、逆に言えば、それが、ある意味では、戦後のマスメディアが強くなってきた理由でもあろうと思うんだよね。「強力な政治指導者を許さない」というか、「政治指導者は常に批判の矢にさらされ、矢面《やおもて》に立たされなければいけない」ということになった。
「権力者に弱点や、間違《まちが》いや、自惚《うぬぼ》れや、心に欲などが出てきたら、いくらでも打って打って構わないんだ」というのが出てきたのは、ヒットラーの反動の部分だと思うんだよね。これがマスコミの力の源泉になっている。

でも、本来的に、これが正しいのかどうか。もう一つ別なものがあるわねえ。「これと、イエスに向かって石を投げた人たちとは、どう違うのか」という問題があるわけです。「イエスは本当の神の子である」ということを信じられない人にとっては、「イエスに石つぶてを投げて、唾《つば》を吐《は》きかけた人たちと、マスメディアの動きとは一緒《いっしょ》か一緒でないか」という判断はとても難しい。

だから、根本的な価値判断のところが神の心に合っているかどうかによるので、行動だけでは判断し切れないところはあるねえ。

「信仰《しんこう》と愛」が政治的な統合の象徴《しょうちょう》になるべき

石川　今、ＥＵの話が出たのですが、宗教的な違いによるトラブルもあると思います。例えば、トルコであればイスラム教です。それから、今、プーチンがユーラシア連合を掲《かか》げ、「クリミア半島はロシアと同じカルチャーであり、信仰《しんこう》である」と言っていますし、東方正教会《とうほうせいきょうかい》もあります。イギリスであれば、完全にEUに入り切れず、ユーロに加盟していませんし、イギリス国教会もあります。

このように宗教もいろいろと入り乱れていますし、先ほど言われたエラスムスのような、「無神論の自由」もあると思います。こうしたことを考えたときに、今、新しき宗教改革の根本《こんぽん》、コアになるような思想は、どういったものになりますでしょうか。

マルチン・ルター　まあ、ヨーロッパ自体をまとめるのは、かなり難しいですね。基礎《きそ》には、もちろん、キリスト教的な思想が浸透《しんとう》しているので、そのキリスト教思想に寄り添《そ》ったものでないと、まとめられないとは思うんです。

そういう意味では、キリスト教を象徴《しょうちょう》するものは、やっぱり、「信仰と愛」だ

●東方正教会　キリスト教の最大教派の一つ。1054年、ローマ - カトリック教会と東方正教会の分裂後、ギリシャや東欧諸国を中心に信仰されている。コンスタンディヌーポリ総主教庁の所在地はトルコのイスタンブール。

と思うので、「信仰と愛」を中心とした宗教ないし思想が、何らかの政治的な統合の象徴にならなければいけないんじゃないかなあと思いますけどねえ。

どちらが正しいか分からない面がある「宗教戦争」

石川　例えば、ビザンチン帝国《ていこく》（東ローマ帝国）を滅《ほろ》ぼしたのは、実はイスラム教徒ではなく、一二〇四年にコンスタンティノープルを取ってしまった十字軍だと思います。

このように、同じ宗教であっても分裂《ぶんれつ》したりして、そこから宗教改革の息吹《いぶき》が出てくると思うのですが、何が問題となって、こうした……。

マルチン・ルター　まあ、キリスト教同士も戦争をするし、イスラム教同士も戦争をするので、これについては、もう人間としての性《さが》としか言いようがないので、

●十字軍　カトリック諸国が聖地エルサレムをイスラム教から奪還するために組織された遠征軍。しかし、第4回十字軍は東方正教会である東ローマ帝国を攻撃し、一時期、ローマ教会支配下に置いたことで国力を削いだことが、のちのオスマントルコ帝国拡大を招く誘因となったとする見方もある。

その国民性や地域性、文化の違いがあることはある。

だから、第一次大戦でも第二次大戦でも、けっこうキリスト教同士の戦いはあったわけです。その前には十字軍とかで、「キリスト教 対 イスラム教の戦い」もあったかと思う。まあ、これは違いがあるから、分からないことはないんだけど。

まあ、何と言うか、イスラエルの中心地が、世界の大宗教の聖地であるということでねえ。キリスト教にとっても、ユダヤ教にとっても、それからイスラム教にとってもね。霊的《れいてき》には、ムハンマドが天上界《てんじょうかい》に昇《のぼ》って見てきたとかいう〝被昇《ひしょう》天《てん》〟みたいな経験をしたこともあったと思う。そういう意味で、幾《いく》つかの宗教の聖地みたいになっているところがあったので。

まあ、これは、この世的な意味で、「戦国時代の領地争い」みたいな、どちらが正しいか分からないような面はあったかとは思うけど、やっぱり、人間にとってこの世で与《あた》えられた宿題の部分がかなりあるかなあ。

世界的宗教の聖地・エルサレム

エルサレム旧市街、約1キロ四方の壁の内側には、ユダヤ教、キリスト教、イスラム教等の居住区があり、重要な聖跡が数多く遺されている。

■聖墳墓教会
イエスが十字架にかけられたゴルゴタの丘に建つキリスト教の聖墳墓教会。内部にはイエスの墓が祀られている。

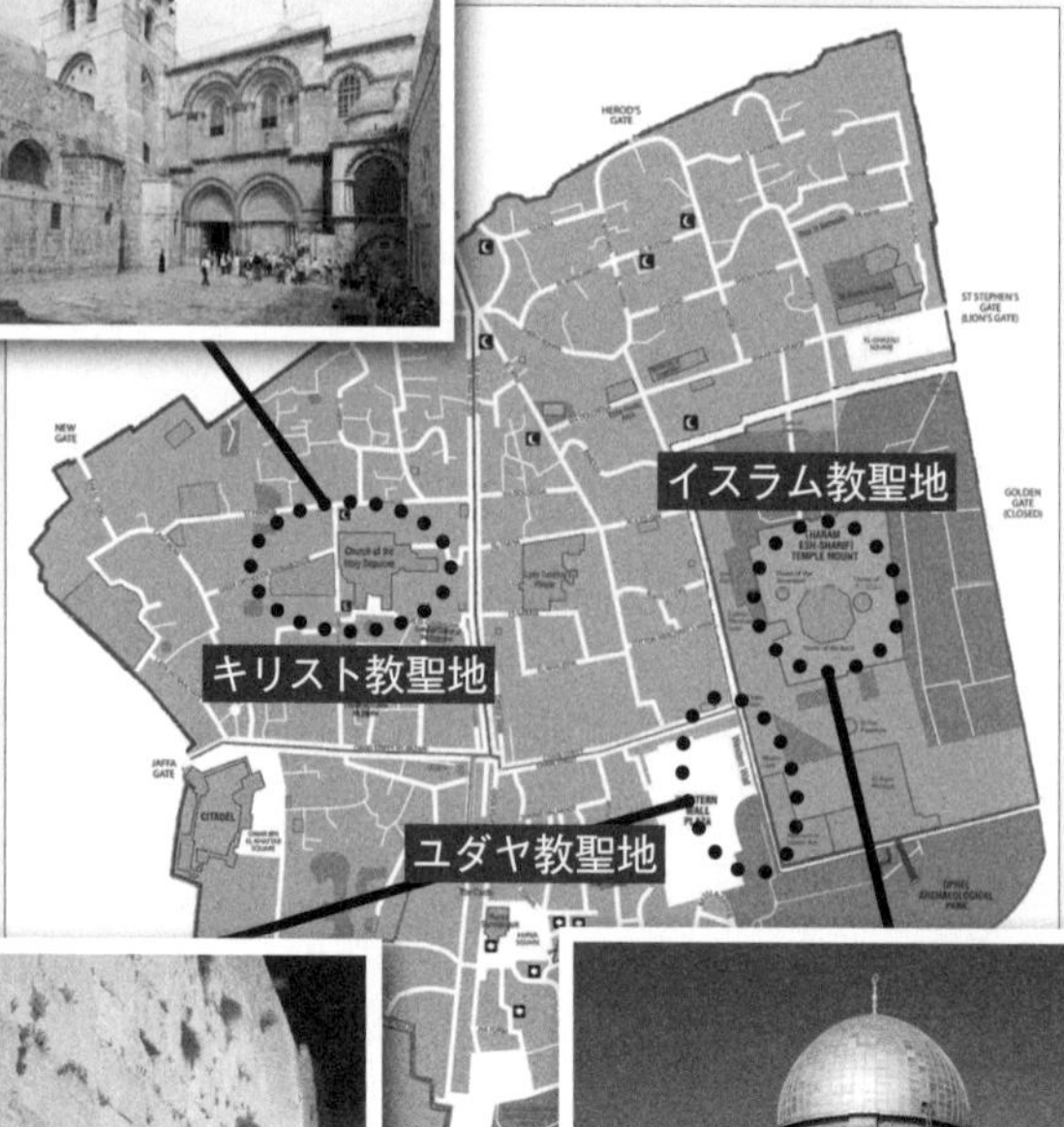

■嘆きの壁
ユダヤ教で最も神聖とされたエルサレム神殿のうち、現存する西壁部分。神殿は西暦70年のエルサレム攻囲戦でローマ軍に破壊された。

■岩のドーム
イスラム教第3の聖地。ムハンマドが昇天して一夜の旅をした「ミウラージュ」の出発点の岩が祀られている。

6　キリスト教と植民地主義の問題点

軍隊や貿易を利用したキリスト教の伝道

石川　「植民地主義」のようなものは、いかがでしょうか。ガンジーも、「とてもキリスト教徒の所業《しょぎょう》とは思えない」と……。

マルチン・ルター　うーん……、まあ、これも苦しい。とっても苦しいねえ。これに関しては、やっぱり、主としてカトリックと英国国教会の〝仕事〟が大きいとは思うんですが。彼らも伝道したいからね。伝道をするには、領地と領民が増えれば、信者を増やせますから。

そういう意味で、「軍隊」と「重商主義的なもの」、「貿易」等を十分利用したし、何て言うかなあ、「外国語でそれを教えていく」というところもあったので、布教《ふきょう》もそれに乗《じょう》じたいという気持ちは、分からないことはないですけども。

未開の地もだいぶありましたからね。アフリカ等は、武装していなければ、宣教師だって入るのは大変なところではあったから、軍隊と一緒《いっしょ》に入るし、それから、アジアの地でも、「軍隊や貿易商と一緒になって入っていくほうが、全体的には利口《りこう》であった」ということは言えるかと思うんです。

「一神教こそが正しい」という考えでは地球を包含《ほうがん》し切れない

マルチン・ルター　まあ、「地球ユートピア化」を目指してやったんだろうとは思うけども、各国の固有の信仰《しんこう》を必ずしも理解できなかった面もあるし、信仰が強かったところでは、結局は教化《きょうか》できなかったところもあるからね。

例えば、日本みたいなところでは、キリスト教が入って五百年もたっても、まだ（人口の）一パーセントも超《こ》えられない。これはもう考えられないことですよ。五百年やっても増やせないし、さらに、先の大戦の敗北があったのに、それでもまだキリスト教化しないのでしょう？　だから、「ほかのところと比べて、いかに強かったか。宗教的に歴史があって、強かったか」ということがよく分かるね。「キリスト教を分析《ぶんせき》するのに、歴史的に十分な宗教体験があった」ということでしょうね。まあ、そういうところがなかなか呑《の》めないわけだ。

また、インドみたいな国も、歴史が長いですよねえ。数千年の宗教文化の歴史があって、多様な神様がたくさん出てきている国であるので、二千年ぐらい前に出てきた宗教が、七千年、八千年ぐらいの歴史があるヒンドゥー教、古代のバラモン教等を説得できるかといっても、宗教的にというか、霊的《れいてき》に彼らのほうが進んでいる面もあったのでね。実際に霊界《れいかい》の実相《じっそう》をよく知っていたし、霊界に高級神霊《しんれい》がたくさんいて、いろんな姿を取って生まれてくるということをよく知っていたよね。

　だから、君らが今、教えているようなことを、インドの人たちは知っていたところがある。例えば、「分身《ぶんしん》」みたいな感じで出てくるから、今、インドで、「お釈迦《しゃか》様の生まれ変わりが日本に出た」というような話をしても、「ああ、それは、『ヴィシュヌ神の一部が仏陀《ぶっだ》ということで出た』というふうになっているので、ヒンドゥー教から見ても、別にそれは構わないんです」と。

　だから、「一神教こそが正しい」という考え

インドのヴィシュヌ神信仰
ヒンズー教の最高神であるヴィシュヌは、世の乱れる時代に「アヴァターラ」と呼ばれる10の化身の姿をとって地上に現れると説かれている（左図）。そのなかには7番目のラーマや8番目のクリシュナ、9番目のゴータマ・ブッダ（丸囲み部分）の名が挙げられており、さらに、世界の最後を救う10番目の「カルキ」が出現し、新たな時代を創造することが予言されている。仏教においては、ヴィシュヌ神は那羅延天《ならえんてん》（毘紐天《びちゅうてん》）と呼ばれ、仏教の守護神とされている。

は、（西アジアから北アフリカの）セム族的な考え方から出ているわけだけども、これが必ずしも地球を包含《ほうがん》し切れないでいるということだね。その一神教なるものの正体がやっぱり、どうしても国のレベルの民族神的なものであったところがあるので、「他の国にとっては、どうか」という観点が抜《ぬ》けているわねえ。

「サマリア人《びと》への差別」を日本に当てはめるとどうなるか

マルチン・ルター　もう世界宗教になったキリスト教にしても、イエス在世《ざいせ》中の伝道を見れば、サマリア人《びと》とかへの差別とかがはっきり出ているわねえ。「サマリア人から水をもらっていいのかどうか」とかですねえ。それから信仰をする場合でも、「犬でさえパンのくずにあずかるのに、私にだって、その教えを説いてくださってもいいじゃないか」みたいなことを言ったりする。

この民族差別は、日本の「韓国人《かんこくじん》 対 日本人の戦い」みたいなものではない

●サマリア人　旧イスラエル王国の残留民とアッシリア移民との間で生まれた混血の人々を指し、ユダヤ人から差別を受けていた。しかし、イエスは隣人として遇し、「善きサマリア人のたとえ」などが『聖書』に遺されている。

ですよ。それはまさしく、「東京人と栃木人《とちぎじん》の違《ちが》い」みたいなものだと思うんですよねえ。「栃木の風習と東京の風習の違い」みたいなものだったと思うんです。「東京人以外に仏性《ぶっしょう》がない」、あるいは、「神様を理解できない」みたいな感じに近かったので、認識力がそれほど行っていなかった面はあった。

それが、後世《こうせい》、大きな問題になっているところでもあるし、ムハンマドにだって、たぶん認識の限界がかなりあったんだと思うんでねえ。このへんが悲しい。

反省すべき点がある「原理主義」と「植民地主義」

マルチン・ルター　純粋《じゅんすい》であればあるほど、どうしても原理主義的になって、その教祖が説かれたときの時代設定のままで物事を考えようとする。

まあ、今のイスラム・テログループなんかも、タリバン等が背景にはなっているけども、やっぱり、古代の千何百年前の考え方を現代に持ってこようとするような純粋化運動と一体になっているだけに、悲しいところがあるねえ。

毛沢東《もうたくとう》なんかも、「革命は銃口《じゅうこう》から生まれる」と言って、共産主義革命をやったんだろうけども、イスラム教のなかにも似たようなところがあるわけで、「メッカの勢力に滅《ほろ》ぼされようとするのから守った。独立を守って、ついにメッカの占領《せんりょう》までして、国を丸ごとイスラム教の国にした。建国した」というところが誇《ほこ》りですね。

だから、「自分たちは、キリスト教よりも優《すぐ》れているんだ。イエスは、この世で敗れたけれども、ムハンマドは、この世でも勝利した。『この世で勝利して、神の声が伝えられた』ということは、いわゆるイエス以前のメシアの考え方と、ムハンマドの立場が合っている。イエスが、この世的に敗れたところのほうが問題なんだ」という攻《せ》め方をしているからね。それに納得《なっとく》しないから、十字軍が起き続けているわけです。

まあ、このへんの「教えの長短」と「時代性」の問題はあるので、その都度《つど》、宗教改革者が努力する以外に方法はないんだけど、悲惨《ひさん》な結果として、火あぶりとか、ほんとに殺されたりするようなことが多くて、実に厳しいねえ。

植民地主義は、「文化を広める」という意味や、「異文化を吸収して文化的に豊かになる。食生活や文化生活が豊かになって啓蒙《けいもう》されていく」という意味においては、プラスがあると私は思うけれども、残虐《ざんぎゃく》性をかなり伴《ともな》った面があるということや、反乱してくる者たちを皆殺《みなごろ》しにしたり、支配階級を殺していくことで奴《ど》隷《れい》階級だけを信者にしようとしたり、あるいは、搾取《さくしゅ》しようとしたりしたことに関しては、かなり反省すべき点があるんじゃないかと思います。

石川　植民地主義は、もちろん、イエス様の本心ではないということですよね？

マルチン・ルター　そうだと思いますね。そんな方ではないと思う。

独裁国家や軍事国家主義的な体制と似ているカトリック

市川　カトリックの総本山《そうほんざん》といわれているバチカンについてお訊《き》きしたいのですが、最近も、教皇フランシスコが〝ソフト路線〟に入り、ある意味、彼らなりの改革を見せるようにしているかと思います。

ルター様が今のカトリックをご覧になって、思われることはどのようなことでしょうか。

マルチン・ルター　まあ、私が出て四百年たっても、まだ総本山（バチカン）が存在するっていうことは、あっちも強いことは強うございますねえ。

カトリックの形態は軍隊形式なので、その意味で、「戒律《かいりつ》を守っているために組織が堅固《けんご》である」っていうところが強みではあろうと思うんです。最初、私たち個人個人に信仰を取り戻《もど》すところから始めた運動は、組織的に脆《ぜい》弱《じゃく》なところがありました。まあ、民主主義的なものとは、非常に相性《あいしょう》はいいんですけどね。

まあ、民主主義的に言えば、各人がそういう信仰を持つことによって、良心っていうのに目覚めてくるわけでしょう?

信仰によって良心が目覚めてくるわけで、その良心に基《もと》づいて良識が生まれて、その良識に基づいて選挙等の政治活動が行われて、自分たちの代表が選ばれて、神の心に則《のっと》った法律が制定され、それで、正しい政治が行われる。

そういう意味では、たぶん、プロテスタントのほうが、民主主義的には相性がいいはずです。

カトリックのほうは、どちらかといえば、「教皇の見解」で統一されています。まあ、神様がいるから、それほど悪いことは考えられないとしても、体制的には、いわゆる独裁国家や、軍国主義的な体制と、そう大きく変わらないものを持っているということは事実であると思うんですね。

そのへんのことがあるので、やや、「民主主義にはプロテスタントのほうが相性はいい」という感じを、私は受けているんですけども。

ただ、カトリック国はカトリック国で、結局、聖職者と強い信仰を持つ者は、教会法は教会法として受け入れつつも、裏ではそれをきかないでやるという〝知恵《ち》〟は身につけたんじゃないかなあと……（笑）。プロテスタントのほうが自由なことをやっているところも多いので、そういう〝知恵《え》〟も身につけたんじゃないかなあという感じもしますねえ。

7　ルターが見る「幸福の科学」と現代の「宗教改革」

「内発的改革」に可能性を感じる海外伝道

石川　幸福の科学では、キリスト教国にも伝道していこうとしているのですが、それに当たってお訊《き》きしたいことがございます。

ルター様の活動は、あまり「政教一致《いっち》」という感じではなかったかもしれませんけれども、私どもは「政党（幸福実現党）」を持っています。また、霊言集《れいげんしゅう》もたくさん出していますので、ある意味で、「この世でも強いところ」と、「霊的なもの」との二つで走っていると言えると思います。

そこで今後、キリスト教国への伝道の際に、例えば、霊言について、『聖書《せいしょ》』

を間違《まちが》って解釈《かいしゃく》すれば、「これは邪教《じゃきょう》だ」と判定するような人が出てくるかもしれません。宗教、政治と、それから、この霊的なものを、どのようなかたちで改革していけばよいでしょうか。

マルチン・ルター　まあ、それは難しいところがあるね。

イスラム教国なんか、もう、伝道を禁止したり、改宗を禁止したりしてるところもありますから、たとえ、「ムハンマドの霊言」（『世界紛争《ふんそう》の真実――ミカエルvs.ムハンマド――』『中東で何が起こっているのか』『ムハンマドの幸福論』『ムハンマドよ、パリは燃えているか。――表現の自由vs.イスラム的信仰《しんこう》――』〔いずれも幸福の科学出版刊〕

ムハンマドの霊言が収録された『世界紛争の真実―ミカエル vs. ムハンマド―』『中東で何が起こっているのか』『ムハンマドの幸福論』『ムハンマドよ、パリは燃えているか。―表現の自由 vs. イスラム的信仰―』（いずれも幸福の科学出版）。

参照）を出したとしても、彼らが「それを認めない」ということで、悪魔《あくま》認定、〝悪魔印《じるし》〟を付けてしまったら、伝道師は殺されますからねえ。そういう意味では厳しいことになります。

ただ、そうすると、批判していても、やっぱり、かつてのカトリック教国や英国国教会のように、軍隊を持って、戦って支配するぐらいの力がないと、教えを広められないところも出てくるかもしれない。そういう意味では、難しいなあと思います。

まあ、上からの考え方の押《お》しつけ、つまり、政治や法律と一体になった宗教を変えるのは難しいかもしれないけれども、もう一つの手としては、私がやったのと同じように、「各人に、知識、情報のレベルで真理を浸透《しんとう》させていって、なかから啓発《けいはつ》的に変えていく」っていう方法は、ありえるんじゃないかと思う。

今（二〇一四年三月）だったら、タイなんかでも、小乗《しょうじょう》仏教の国で、戒律《かいりつ》の国なのに、政治問題がたくさん起きていると思いますけども、まあ、そういう、この世的には、一見《いっけん》、不幸に見える政治的な揺《ゆ》らぎがあります。でも、それは、ある意味では新しい啓蒙《けいもう》思想を求める運動とも一致してくると思うので、そうした〝揺らぎ〟がチャンスになることもあると思うんですね。

今、イスラム教国も、（幸福の科学の）教えはなかなか受け入れませんけれども、やっぱり、政治や経済がうまくいっていないこと自体は事実であるので、それに対して疑問を持つ方は出てくる。留学した人なんかを中心にして疑問を持つ方が出てくるので。まあ、そういうのを入れない努力もしているとは思うんですけども、「思想・文化として浸透させていって、内発的に（改革を）起こさせていく」っていうことかなあ。

だから、あなたがたが、（幸福の科学の経典《きょうてん》を）いろいろな外国語に翻訳《ほんやく》して、浸透させようと努力していること自体は、いずれ実を結ぶことになるのではない

●**タイの政治問題**　2013年11月以降、タイのバンコクを中心に、反タクシン派を中心とする反政府デモが活発化。2014年1月には非常事態宣言が発令。バンコクの主要道路が封鎖される事態となった。

かと思いますけどね。
私は、そのほうが平和的だとは思うんですけど。

「世界宗教を超《こ》えた教え」が実証されつつある幸福の科学

石川　霊言集がたくさん出ていることについて、天上界《てんじょうかい》からは、どのような意義があるように見えますでしょうか。

マルチン・ルター　うーん、まあ、スケール的には、地球をかなり覆《おお》ってきつつはあって、また、宇宙まで覆ってきつつありますし、あらゆる学問領域に広がりつつはあるので。

その意味では、あなたがたも言っているとおり、「幸福の科学という新しい教えが、モーセやイエスや釈迦《しゃか》や孔子《こうし》やムハンマドを超《こ》えるだけの広さと高さを持っている」っていうことが実証されつつあるんじゃないかと思うんですね。それは、現代的な知識を持った人たちには、やっぱり、認識されていくものなんじゃないかと思いますので。

きっと、困難は伴《ともな》うとは思いますが、ある意味で、従来《じゅうらい》の宗教を認めつつやってるように見えていたものが、気がつけば、ある日突然《とつぜん》、それこそ「アッラーの証明」みたいになってくるところはあるかもしれませんね。

実は「オールマイティーなところが特徴《とくちょう》」っていうかたちになってくる可能性があって、「唯一《ゆいいつ》の神というのは、『戦って排斥《はいせき》する神』という意味での唯一の神ではなくて、『全体を包摂《ほうせつ》する、包含《ほうがん》する』という意味での唯一の神だったんだ」という認識に世界が変わったときに、受け入れられるものは出てくるかもしれませんね。

市川　ありがとうございます。

大学開学に当たって必要な心構えは「コツコツとした積み上げ」

市川　私からは、大学ということについてお訊きしたいと思います。

マルチン・ルター　うん。

市川　ルター先生は、ヴィッテンベルク大学で教授を務《つと》められ、晩年まで『聖書』の研究等をされていましたが、幸福の科学も、これから、ＨＳＵ（ハッピー・サイエンス・ユニバーシティ）を開いていきます。

その上で、ＨＳＵが持つ、世界を変えていく使命や役割、また、思想的源流の大切さについてお教えいただければと思います。

マルチン・ルター　うーん。先ほど、ちょっとご紹介《しょうかい》にあずかったときに、「（ヴィッテンベルク大学は）とても小さかった」みたいな、「二百人ぐらいの大学だった」とか「生徒が十二人ぐらいしかいなかった」とか言われて、まあ、それはそのとおりなんですけども。

英語で言う、いわゆる「ティッピングポイント」（転換点《てんかん》）っていうかねえ、ずーっとやってきたことが、いつ爆発《ばくはつ》的にバーンと跳《は》ね上がるか分からないことがあるので、いきなり、〝世界の学問の総本山《そうほんざん》〟みたいなのをつくろうと思っても、急にできるものではありません。

やっぱり、自分たちが目指しているもののなかで、可能なものを丁寧《ていねい》にやり続けていくうちに、どこかで、宗教に対する、もう一つの意味での大きな知的要塞《ようさい》になりうるのではないかと思います。

だから、「宗教として入《はい》れないところを、学問として入っていく」っていう手はあると思いますね。

「学問」や「教育」というかたちで入っていける。つまり、宗教としては入れないところでも、大学をつくったり、大学と同じく、その流れのなかにある高校や中学校や小学校みたいなものをつくったりしていくかたちで、各国にいろんな教えを出していくことができるようになるんです。

そういう意味で、もう一つ、「別の形態での伝道の仕方」ができたのではないかと思います。

（幸福の科学が）その源流に当たる大学をつくるに当たっては、焦《あせ》る気持ちもよく分かりますけれども、私の段階であっても、そんなにお金もなければ、信者もいないような状況《じょうきょう》で始めたにもかかわらず、四百年たってみれば、十億人以上の人たちがプロテスタントの思想を信じるようになっているわけです。やっぱり、広がり始めると、多くの人たちの協力を得て広がっていくのでね。

それを破るまでのところは、コツコツとした積み上げが必要かと思うので、初期においては、極《きわ》めて真面目《まじめ》に、コツコツとやっていくことが大事なんじゃないでしょうか。そのなかで、大きく〝車輪《しゃりん》を回す人〟が出てくると思うんですね。

伝道を進めていくなかで当会の牽引力《けんいんりょく》となる人が出てくる

マルチン・ルター　キリスト教において、パウロの「ダマスカスの回心《かいしん》」に当たるようなことは、ルターの「落雷《らくらい》体験での心境の変化」で、二人には同じようなことがあったと言われています。

もしかしたら、今はあなたがたの敵側にいたり、全然違う宗教を信じたりしている人もいるかもしれない。または、イスラム教徒やキリスト教徒のなかの有力者、いわゆる聖職者や政治家、実業家、ジャーナリストなど、いろんな方がいると思うんですが、今後、信者が増えていくにつれて、そういう人たちのなかから、回心のチャンスを得ることによってあなたがたの仲間となり、伝道の主力になっていくような人が必ず出てくると思う。

また、そういう人というのは、やっぱり、「〝特定の人〟を狙《ねら》って当てよう」と思っても当たるものではないので、まずは布教《ふきょう》として、広げていこうとしていくなかに、そういう人が入ってくるものです。

例えば、「ビル・ゲイツみたいな人が幸福の科学に入れば、世界中に広がるのでは

サウロ(パウロ)はキリスト教を迫害していたが、ダマスカスに向かう途中、天からのイエスの声を聞いて失明。イエスの弟子の施しで目から鱗のようなものが落ち、失明から回復した。
(カラヴァッジョ画「聖パウロの回心」／サンタ・マリア・デル・ポポロ聖堂チェラージ礼拝堂)

ないか」というような妄想《もうそう》はあるかもしれませんが、「特定の人を狙って当てよう」と思うよりは、やっぱり、幅広《はばひろ》くいろんな人に教えることです。そうしているうちに、今は子供であったり、大学生であったりする人が、いずれ大きな力を持つようなこともある。

だから、出家者《しゅっけしゃ》として、伝道力があって、教えを弘《ひろ》められるような人もおれば、在家《ざいけ》で活躍《かつやく》する人のなかに、力のある者が出てきたり、そのなかから首相、総理大臣とか大統領とかになるような人が出てきたりするかもしれません。

その意味で、「宗教の本道《ほんどう》」を歩まれたらいいんだと思いますね。

あなたがたが生きてる間に、世界をすべてエル・カンターレ信仰に変えようと思っても、必ずしも、そうはいくものではないと思うし、それだけ急げば抵抗《ていこう》も大きいですから、被害《ひがい》も出るだろうとは思うんですね。

ただ、やっぱり、強い信念を持った戦闘《せんとう》の人は要《い》るだろうとは思います。

全体の流れは悪くない方向に向かっている

石川　キリスト教が立ち上がったのも、やはり、ステファノやパウロといった人たちの不惜身命《ふしゃくしんみょう》の思いがあったからだと思いますし、フス様にもルター様にも、「処刑《しょけい》されることになっても信念を曲げない」という確信があったからだと思います。

まだまだ信仰の弱い私どもに対して、そのような信仰の柱を立てるためのアドバイスを頂ければ幸いです。

マルチン・ルター　でも、まあ、（幸福の科学にも）「霊的な奇跡《きせき》」とかが起き始めていますしね。

今は、「霊的な奇跡」が起きているし、大川さんが霊言を多用していることによって、周りにいる人たちのなかにも、霊言のできる人が、ある程度、出てきつつもありますし、信者のなかにも、霊的な啓示を受けたり、守護霊《しゅごれい》の声が聞こえたりと、霊体験をする人も増えてきていますからね。あるいは、病気が治るような者も出てきたりしていますので、着実に進行はしてると思うんですよ。

イエスの時代に記録されている奇跡の数よりも多くのことが起きつつあるように思いますし、そうした大きな奇跡が起きているなかで、学問的にも整理できるような、合理的な思想が成り立ち、この世的に見て、組織運営的にも最先端《さいせんたん》の原理が使われているようなことで、ある意味での「強さ」も出てきていると思います。

私は、（幸福の科学が）非常にマルチな宗教であり、総合的な宗教であり、教養宗教であると思います。

まあ、全体の流れは悪くないんじゃないでしょうか。

自分の責任で行けるところまで押《お》していく人が必要

マルチン・ルター　今のところ、殉教者《じゅんきょうしゃ》があんまり……、まあ、「あんまり」というかどうかは知りませんが、「殉教」というかたちの人は出ていないような気はするんです。亡《な》くなった方はいると思いますけれども、「殉教した」っていう感じにはなっていないと思います。

それは、たぶん、主宰者《しゅさいしゃ》である大川隆法さんの考え方が「極めて合理的」で、また、「この世に対する理解」と「啓蒙の気持ち」が十分にあって、ある程度「寛容度《かんようど》」を伴っているから、そういうふうに被害が比較《ひかく》的少ないんだと思うんです。

これが、急進的な考え方を持っておれば、天安門《てんあんもん》事件のように、天安門広場で自殺したような、あんな人が出てくるかもしれないところでしょう。まあ、それが「弱さ」に転化しちゃいけませんが。

いずれにせよ、今のところは、教祖に護られている面はあると思います。

ただ、どこかで、自分の責任において行けるところまで押《お》していく人が出てくる必要はあると思いますね。

出家者《しゅっけしゃ》のなかには「結婚《けっこん》しない人」も一定数いたほうがいい

マルチン・ルター　まあ、幸福の科学も、プロテスタントに倣《なら》って、結婚《けっこん》して子供も持ったりするような形態をとっているようではあるけども、その意味では、全員が全員、結婚して子供を持たなくてもいいんじゃないかなとは思います。
まあ、持ってもいいとは思いますが、独身の方も大事になされたほうがいいと思うんです。独身の方は、自分についての全責任を、ある程度、自分で負《お》える面がありますので、出家者《しゅっけしゃ》のなかには、男性・女性ともに、結婚しない人が一定の比率でいてもいいんじゃないかと思います。

そうでないと、これから、例えば、「改宗」や「伝道」を禁じているイスラム教地帯とか、あるいは、政情不安でジャーナリストでも入るのがなかなか大変な危険地帯とかに、伝道者として入っていくとき、やっぱり、家族のところとかが心配になると、どうしても臆病《おくびょう》になったり、引っ込み思案《こじあん》になったりしますし、この世とも妥協《だきょう》していくところがあると思います。

ですから、私は、全部が全部、家庭を持つのはどうかなあと考えます。今だと、一定の……、まあ、二、三割ぐらいは独身でいてくれたほうが、宗教としては強いんじゃないかなっていう気はするんですよねえ。

（武田に）どうでしょうか。やっぱり、子供さんが多いと苦しいでしょう？

武田　そうですねえ。ちょっと分かりませんけれども、やはり、信仰に百パーセント生きる人は、非常に尊い存在だと思いますので、そういう方が一定数いるというのは、組織としても、教団としても、大きな力になるのではないかと思います。

マルチン・ルター　うーん。だけど、「家族が社会生活を送れるようにする」っていうところに配慮《はいりょ》しすぎると、何て言うか、宗教としての強いところを押していけない面もあることはある。

職業上、会社とかをクビになってはいけないとか、子供が学校でいじめを受けちゃいけないとか、いろんなことに配慮し始めると、信仰告白とか、そういう宗教的活動、布教ができない面もかなり出てくるので、やっぱり、一定の率《りつ》で独身でいてくれたほうがいいんじゃないかなあ。

私が言うのもちょっと変ですけど、やっぱり、少なくとも二割か三割ぐらいは独身でいてくれたほうがいいような気はします。半分ぐらいいてもいいですけど。

武田　なるほど。分かりました。

石川　では、逆に、結婚している人が弱くならないためのアドバイスも頂ければ……。

既婚者《きこんしゃ》は「教団の永続性」につながるような家庭教育を

マルチン・ルター　それは、やっぱり、家庭教育がうまくいって、自分の子弟《してい》がいることが、何て言うか、「教団の永続性」につながるようにいった場合ですね。だから、ちゃんと子供の教育ができて、例えば、「教団の子弟が幸福の科学学園とかに入り、教団の大学なんかにも入って、生まれつきの堅《かた》い信仰を持って大人になったら、世間《せけん》での『常識』とか、いろいろな批判とかを聞いても、全然揺れないで活動できる」ということであれば、それはプラスになる面もあるし、自分が年を取ったときに信仰の継承《けいしょう》が行われて、強くなるところもありますね。

今、教団でも、（信者）二世の方がだいぶ入ってきていると思いますけど、親がやっているのを見て育った人のほうが確かな面もあるので、やはり、そちらのほうに転じればいいし、逆に行くと、この世的な職を得ることによって信仰を失う場合もあるでしょうから。まあ、そのへんの兼《か》ね合いとしては難しいですけどね。

武田　分かりました。

8 「ミカエル」とルターの霊的《れいてき》関係を探《さぐ》る

現代で宗教改革の仕事をするなら、どこに出るか

武田　今、ルター様のお話を伺《うかが》っていますと、現代にも非常にお詳《くわ》しくて、視野も国際的で、地球全体についてのお考えもお持ちのような印象を受けました。

マルチン・ルター　うん。

武田　現在、霊的《れいてき》には、どのようなお仕事をされているのでしょうか。

マルチン・ルター　うーん、そうですねえ。まあ、「現代に宗教改革の仕事があるか」っていったら、いろんなところで問題点を抱《かか》えてる部分はあるので……、うーん、そうですねえ。まあ、幾《いく》つかは可能性としてあるんですけど……。

意外に、宗教家でないほうでも出られる可能性はあるかなとは思ってますけどねえ。

武田　はい。

マルチン・ルター　例えば、国際的な、いろんな紛争《ふんそう》や対立がいっぱい出るなかにおいて、それを正しく方向づけるような仕事でも悪くないかなあという気もするんです。

もし、国連みたいなものが機能し続けるとして、ああいうようなところで神の心を心として仕事ができたりすれば、世界のいろんな紛争とか、宗教対立のところとかを仲裁《ちゅうさい》しつつ、世界をまとめていくような仕事ができる可能性もあるし、あるいは、政治家でも、ある程度の力を持った大国の政治家として出れば、そういう仕事ができる可能性はあるのかなあというふうには思いますけどね。

アメリカの宗教改革はアメリカ人にしかできない

武田　現在は、どこかの国の誰《だれ》かを、あるいは、組織を指導されているということはないのでしょうか。

マルチン・ルター　うーん。まあ、これは「マル秘《ひ》」なんで。

武田　・・・マル秘ですか。

マルチン・ルター　ええ。ちょっと、今は言えない……。

武田　言えないのですね。

市川　魂《たましい》のご兄弟であるミカエルの魂が、現代のアメリカに政治家として転生《てんしょう》しているという説もございますが……。

マルチン・ルター　ああ、そうですか。それは、どこで出ましたか。

市川　『「ヤハウェ」「エホバ」「アッラー」の正体を突《つ》き止める』（宗教法人幸福の科学刊）という霊言《れいげん》を頂いて……。

マルチン・ルター　ああ、そうですか。そこから出ましたか。うーん。まあ、あなたがたが伝道していく上において、〝ルター的な人〟が出てきてくれても悪くはないでしょう。そういう人が出てくる可能性はあってもいいんじゃないでしょうかねえ。

武田　では、つまり、現代のアメリカにお生まれになっているということですか。

マルチン・ルター　分かりません。

武田　分からないですか。

マルチン・ルター　それは分からない。それは分からないけど、可能性はあるわね。

武田　なるほど。

マルチン・ルター　うん。そういう考え方の可能性はあるわね。アメリカの宗教そのものは〝旧教〟になってしまったんでしょうけど、アメリカとかで、幸福の科学の信仰《しんこう》なんかに基《もと》づいて、それを強力に改革するのは、やっぱり、アメリカ人でないとできないでしょうね、例えばね。

武田　うーん。

マルチン・ルター　やっぱり、日本人にはちょっと無理はあると思うんですよ。アメリカの宗教文化の改革をするのはね。アメリカ人じゃないと無理ですから。決して、モルモン教徒から出てこなくてもいいと思うんですけども……（笑）。まあ、幸福の科学の教えを汲《く》む者のなかから出てきても悪くはないですね。

武田　ああ、アメリカのほうから。

マルチン・ルター　うん。悪くはないですね。

武田　なるほど。

神が「正義の剣《けん》」を振《ふ》るうときに出すのがミカエル

武田　少し、過去のご転生《てんしょう》を確認させていただきたいのですが。

マルチン・ルター　ええ。

武田　まず、「ミカエル様の魂の兄弟である」というところはいかがですか。

マルチン・ルター　まあ、ミカエルっていうのはね、難しい魂なんですよ。

武田　そうなんですか。

マルチン・ルター　人間的に転生してるように思わないほうがいいと思いますね。ミカエルっていうのは、やっぱりねえ、うーん、まあ、「神の剣《けん》」なんですよ、要するに。

武田　「神の剣」ですか。

マルチン・ルター　うん、うん。剣なんで。剣が何本も出てきますから。剣の役割をしてるのが「ミカエル」と呼ばれている者の正体なので、何か特定の個人が、一人仕事で何回も出てきてるようには考えないほうがいい。

サンタンジェロ城（イタリア・ローマ）のミカエル像。ペストが流行していた６世紀、グレゴリウス１世が城の頂上で剣を鞘に収めるミカエルを見てからペストが終焉《しゅうえん》したという伝説に因《ちな》んでつくられたもの。

武田　剣の一部だと。

マルチン・ルター　神様が「正義の剣」を振《ふ》るわなければならないときに出してくるのがミカエルということで、まあ、むしろ、「役職名としてミカエルと呼ばれている」というふうに考えたほうが正しいかもしれない。

ルター、ミカエル、アポロン、アモスの関係性とは

武田　『黄金の法』（前掲《ぜんけい》）には「ギリシャの時代にアポロンとして現れている」とも書かれているのですが、これは事実でしょうか。

マルチン・ルター　うーん……。アポロンねえ……。まあ、これについては、私

からは何とも言えませんね。アポロン自身は、ちょっとミカエル的なものではないので、何とも言えない。

武田　では、「違《ちが》うわけではない」ということですね？

マルチン・ルター　うーん、というか、私らになりますと、もう人間じゃないので、いわゆるエネルギー体なんですよ。

武田　はい。

マルチン・ルター　ただのエネルギー体でして、何かの使命を帯《お》びて、そのなか

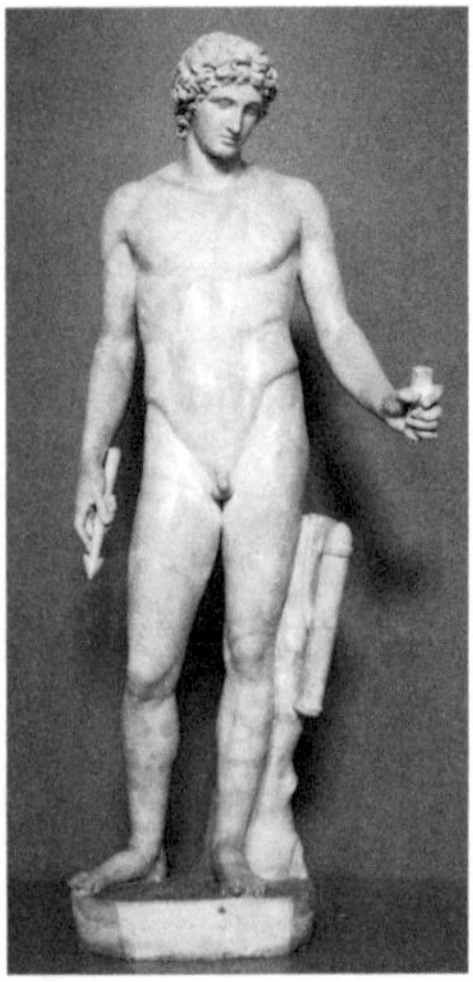

アポロン像（アシュモレアン博物館贈）

から出てくる感じなんで、あなたがたが考えるような、自転車の車輪のスポークのようなものが順番に出てくるといった、人間としての転生じゃないんです。エネルギー体としてあって、使命に応じて出てくる感じなので。

まあ、日本神道《しんとう》の教えでも、神様がいっぱい分かれて出てきたりするような面もあると思いますけどね。私たちにも、そういうところはあるので、「そうと言えばそう。違うと言えば違う」みたいな面はあるんですよ。

武田　なるほど。

マルチン・ルター　だから、それに関しては、やっぱり、アポロンそのものを、もうちょっと調べてみる必要があるでしょうね。

武田　うーん。

マルチン・ルター　ただ、日本に伝わっている神話でのアポロンというのは、もうちょっとひ弱で、音楽や芸術を愛するようなタイプに描かれているようですから。

武田　そうですね。

マルチン・ルター　そういう人であったら、ちょっと違うかもしれないけども。まあ、伝わってはいないけども、政治的、宗教的な正義をめぐる戦いにかかわるような局面があったとすれば、ミカエル的な働きをした可能性はありますけどねえ。

武田　では、「無関係ではない」ということでしょうか。

マルチン・ルター　うーん、だから、否定はしませんよ（注。その後、「アポロンの霊言」〔二〇一四年十二月三十一日収録〕で、アポロン自身がミカエルとは違う魂であると語っている）。

武田　はい。

マルチン・ルター　私も、そのミカエルという人物そのものの「プロトタイプ」というか、何て言うかねえ、その「ミカエル」っていうかたちの〝鋳型《いがた》〟があるんですよ。「ミカエル」っていう〝鋳型〟がある。

武田　ほお。〝鋳型〟がある……。

マルチン・ルター　うん。だから、神の高次元のエネルギー体を、その「ミカエル」っていう〝鋳型〟に入れると、ロボットのようにミカエルが立ち上がってきて、ガンダム（戦争を描いたアニメーション作品。ロボット型の兵器）のように戦うわけなんですよ。

武田　はい。

マルチン・ルター　それがミカエルなんです。だから、「ミカエルという個性が生まれ変わっている」というふうに考えないほうがいいと思います。

武田　それから、旧約の預言者、アモスであったという……。

マルチン・ルター　古すぎるので、もはや確認不能だと思いますね。

武田　不能ですか（笑）。

マルチン・ルター　そうかもしれないし、そうでないかもしれない。

武田　そうですか。

アモス像（アレイジャディーニョ作／ボン・ジェズス・デ・マトジーニョス聖堂）

「ミカエルとルシフェルは双子《ふたご》」の真相

武田　ミカエル様は、元《もと》・七大天使の一人であったルシフェルと双子《ふたご》であるという表現もあるのですが（『ゾロアスターとマイトレーヤーの降臨』〔幸福の科学出版刊〕参照）。

マルチン・ルター　まあ、そういう説もあります。

武田　「説もある」ですか。それはどういうことでしょう？

マルチン・ルター　戦った相手ですよね。「赤チーム、青チームとなって戦った」

『ゾロアスターとマイトレーヤーの降臨』
（幸福の科学出版）

ということで、そういう「戦いの相手」ということであれば、そうですけど。今であれば、例えば、十字軍のときで言うと、「片方がミカエルなら、片方がルシフェル」というような言い方になるでしょうねえ。

だから、双子っていうのは、現実にはどうかとは思うんです。戦いの相手で、まあ、「武蔵《むさし》 対 小次郎《こじろう》」みたいなものですから、むしろ、「好敵手《こうてきしゅ》」という意味ぐらいに捉《とら》えておいたほうがよろしいんじゃないでしょうかねえ。

「神が創られた〝鋳型〟のなかでも、似たような戦闘《せんとう》モードで使える〝鋳型〟があって、それに宿ったものの一つが、ルシフェルという存在になった」ということだと考えていいんじゃないでしょうか。

双子という言い方が正しいかどうかは分からないけども、「戦闘用につくられた〝鋳型〟がほかにもあった」というふうに考えたらよろしいんじゃないでしょうかねえ。

先の大戦は「ミカエル対ルシフェル」の霊的《れいてき》戦いだったのか

武田　以前、マイトレーヤー様が霊言《れいげん》のなかで、「第二次世界大戦は、ミカエルとルシフェルの霊的な戦いでもあった」というようにおっしゃっていたのですが、これは、今のような……（前掲『ゾロアスターとマイトレーヤーの降臨』参照）。

マルチン・ルター　まあ、それはどうかねえ。確かに、どこかの国をひいきすることはあるかもしれませんけども。自分が生まれた国とかが関係あれば、それをひいきするということはあったかもしれません。

だから、ミカエルが戦勝国《せんしょうこく》のほうをひいきしたということであれば、「戦後、イスラエルという国を建国する布石《ふせき》としてやった」というふうに取ることはできる。イスラエルという国ができたことで、結果的には、ユダヤ人は利益を得ているので、「ミカエルが、そちらのほうを支持した」っていう考え方は成り立つと思うんですね。

それで、「ルシフェルのほうが敵だ」という言い方については、ルドルフ・シュタイナーの思想のなかで、ルシファーを悪魔《あくま》とは捉えないで「暁《あかつき》の天使」として捉えている面がありまして、「ルシファー」という名の月刊誌を刊行しています。

たぶん、あなたがたから見ると、「これは大丈夫《だいじょうぶ》か?」というところがあると思いますが、そのシュタイナーの思想を一部取り入れたヒットラーが政権を取っておりますし、ルドルフ・シュタイナーの「ルシファー」や、あるいは、ニーチェの言う「ツァラトゥストラ」が、キリスト教的でない神の象徴《しょうちょう》であるとしたならば、「(ミカエルとは)逆のものだ」という考え方はありえると思いますけどねえ。

うーん、だから、ちょっと、このへんのところは、やっぱり、彼らを喚問《かんもん》して、もうちょっと追及《ついきゅう》なされたほうがいいと思うんです。人間の考えの違いというか、霊的にも考えの違いがあるので、立場によっては、敵・味方になったり、善悪になったりすることもあるだろうと思います。

9　ルターはイスラム教についてどう見るか

伝道によっては一夜にして「革命」が起こる可能性もある

石川　一点、お訊《き》きしたいのですが、ミカエル様は、どちらかというと、イスラム教に関して、ややネガティブであり、「『イスラム教を滅《ほろ》ぼす』とまでは言わないけれども」というようなことをおっしゃっていました（前掲《ぜんけい》『世界紛争《ふんそう》の真実――ミカエルvs.ムハンマド――』参照）。

マルチン・ルター　うーん。

石川　今、ヨーロッパ等でも、イスラム系移民などが増えて問題になっていますが、どのようにお考えですか。

マルチン・ルター　問題ですよね。問題は問題ですね。いや、あそこまで広がると、ちょっと問題は問題ですよねえ。

石川　滅ぼそうとまでは……。

マルチン・ルター　だって、イスラム教のなかには「戦闘《せんとう》する思想」があるから、これは手強《てごわ》いですよね。

イエス的な意味での「愛の思想」だけで行くと、キリスト教のほうが負ける可能性が十分にあります。あとから起きた宗教でもあるし、十字軍でも、十分苦しんで決着がつかなかったところもありますし、中世のころはイスラム教のほうが強くて。

近代になって、私が出て以降は、キリスト教のほうが盛り返していった歴史でありますが、これは、資本主義的な精神、企業家《きぎょうか》精神のほうがプロテスタントとの相性《あいしょう》がよかったので。そういう企業的な資本主義の原理のなかでの成功が大きくて、その経済的成功を背景にして、今、キリスト教国のほうが強くなってるけれども、もし、イスラム教のほうが経済改革者を預言者として受け入れた場合には、考え方が変わってくる可能性はありますねえ。

ただ、今、あなたがたが伝道するにしても、いちばん頭が痛いのは、「イスラム教国」と「無神論国」でしょう。

まあ、中国自体は、仏教の素地《そじ》のなかにないわけではないし、孔子《こうし》の思想もないわけではないので、あるところまで行けば「受け入れる」というか、〝落ちる〟

んじゃないかと思います。あなたがたの思想を受け入れる余地はあると思います。

ベトナムだって、タイだって受け入れると思うし、フィリピンはすでに受け入れていますが、アジアの国やアフリカの国には、かなりの部分、（幸福の科学を）受け入れる余地があると思います。

それから、強固なイスラム教国の場合は、なかなか簡単ではないけれども、イスラム教国のなかにも、親日国《しんにちこく》はだんだんと出てきているので、そういうところには、ある程度、浸透《しんとう》していく可能性はある。

「これは宗教ではなくて科学なんだ」と言って入れていけば（笑）、入れられないことはないし、「学問なんだ」って言っていけば、入れられないこともないので、一夜にして、そういう「革命」が起きる可能性はある。

日本の敗戦が唯物論《ゆいぶつろん》国家とイスラム教圏《けん》の巨大《きょだい》化を招いた

マルチン・ルター　ただ、イスラム教国は、ある意味で、非常に手強いとは思いますよ。

表向きでは、この世的なものとしての防衛組織がそうとう強くて、戦闘モードで出来上がっている宗教ですので、これは、単純な「愛の思想」ぐらいでは破れない部分があると思いますね。

だから、「先の大戦で日本が負けた」っていうのは、意外にも、あとになればなるほど重くなってきています。日本が負けたことによって、唯物論《ゆいぶつろん》国家であるソ連と中国が巨大《きょだい》化したことと、また、イスラム教圏《けん》がはびこってきたあたりは、ちょっと大きかったですねえ。

インドネシアなんかが日本領であったなら、当然ながら、日本の教えは、もう十分に入っているはずですから。まあ、このへん、ちょっと惜《お》しかったところはあるし、残念な面がありますね。

私は、決して戦争を勧《すす》めるわけではありませんけども、「日本が完全に敗れた」っていうのは、よくない結果を招いたんじゃないかという気がしますねえ。

10　ルターと日本の関係を探《さぐ》る

優秀《ゆうしゅう》な者がいれば「ドイツの世紀」が来る可能性もあった

石川　では、第二次大戦の結果というのは、どのように見えるのでしょうか。ドイツとアメリカに正義はあるのですか。

マルチン・ルター　いやあ、もう何とも言えないです。世界のいろんな国が巻き込《こ》まれていて、それぞれの国の「正義」と「悪」とが入り乱れているので。

ただ、結果的には、「歴史的にアメリカの世紀ができた」ということになりますよね。イギリスの世紀が終わって、アメリカの世紀になったということでしょ？

ヒットラーは、イギリスの世紀に成《な》り代《か》わるべく、ドイツの世紀をつくろうとしてたんだけども、ドイツの世紀がイギリスの世紀に成り代わらずに、アメリカの世紀になったということですねえ。

だから、「英語圏《けん》が覇権《はけん》を維持《いじ》している」っていうのが、今の状態ですね、はっきり言って。

石川　ドイツの世紀になる可能性はあったのでしょうか。例えば、ハイデガーがヒットラーを批判して……。

マルチン・ルター　いやあ、あったと思いますよ、十分に。あったと思いますが、ただ、ドイツ自体は、やっぱり、資源が乏《とぼ》しいという意味では日本と同じ状態にありましたので、そういう意味で、領土の拡張をしたかった面はあったんだろうと思います。ロシアのような広大な土地を持ってもいなかったし、アメリカみたいに豊かな国家でもなかったですからね。また、内陸国で、いろんな敵に囲まれていましたのでねえ。

だから、場合によっては、もう一人か二人、優《すぐ》れた人が出ていれば、あるいは、そういう可能性はあったとは思うんですけども。うーん、まあ、周《まわ》りの敵が多すぎましたわね、どう見てもね。敵が多すぎたし、日本は、ドイツを助けるところまで行かなかったですからねえ。

今、ドイツやキリスト教圏《けん》に生まれたら、どう宗教改革するか

石川　簡潔《かんけつ》で結構ですが、もし、今、ルター様が、ドイツやキリスト教圏《けん》にお生まれになって、宗教改革をするとしたら、どのようなことをされるでしょうか。

マルチン・ルター　うーん……。まあ、でも、基本的には、まず、支部をある程度つくらなければ駄目《だめ》なんじゃないでしょうかねえ。

やっぱり、ドイツの主要都市には支部を建《た》てないといけないと思いますね。主要都市に支部をつくって、ある程度の数の信者をつくり、そして、ドイツ語訳の教え、教義本を一般《いっぱん》向けに出版して、聖職者としてドイツ語で伝道できる人をつくっていかないと、伝道はできないですね。正攻法《せいこうほう》ですけど、そうやっていかないと、ちょっと無理です。

でも、ドイツは、基本的には親日国です。やっぱり、伝道していく上で、親日国は大事にしたほうがいいと思いますね。ドイツも親日国ですし、トルコなんかも親日国だし、ポーランドとかも親日国だし、イギリスだって、陰《かげ》では親日国だと思うので。まあ、そういう親日国を上手に掘《ほ》り起こして、丁寧《ていねい》に起こしていかなきゃいけないので、今の海外展開では残念ながら無理はあると思いますね。

だから、大学のほうが終わったら、積極的に計画投資をして、支部を建て、伝道師を養成し、出版物を増やして伝道していくことが大事なんじゃないでしょうかね。

（大川隆法）総裁の巡錫《じゅんしゃく》だけに頼《たよ》る今のスタイルでは、国の数が増えれば増えるほど厳しくなっていくのは、もう明らかであるので、やっぱり、代わりができる人を養成していかなきゃ駄目です。

当然、大学でも、そういう教育機能があるとは思いますけども、国際本部のなかにも、そうした「マネージャー兼《けん》伝道師養成部門」がなければいけないんじゃないでしょうかねえ。

戦闘《せんとう》モードの〝鋳型《いがた》〟で鋳抜《いぬ》かれた魂《たましい》が日本にも出ている

武田　短くて結構なのですが、ルター様と日本霊界《れいかい》の間には、何か関係はございますでしょうか。

マルチン・ルター　うーん、まあ……、ちょっとある。

武田　ちょっとありますか。

マルチン・ルター　うん、うん、ちょっとある。先ほど、「双子《ふたご》の魂《たましい》にルシファーがいる」と言われたこともあって（笑）、まあ、完全には否定できないですけども、同じように、戦闘《せんとう》モードの〝鋳型《いがた》〟で鋳抜《いぬ》かれた魂は、日本にもたくさんおりますので。

武田　（笑）

マルチン・ルター　まあ、そういう意味では〝仲間〟みたいな人はいますねえ。

武田　例えば、「日蓮《にちれん》が非常にルター的である」というような著述もあるのですが、ご関係などはあるのでしょうか（前掲《ぜんけい》『黄金の法』参照）。

マルチン・ルター　時期的には、ほぼ似たようなときであって、ちょっとのズレはありますけど、「中世の宗教改革」として出た者ではあるので。

まあ、日蓮は日蓮で、日本の仏教を中心にした宗教改革をやった方であろうから、日本霊界でずっと仕事をされて、現代でも日蓮宗はすごく多いですからね。だから、おそらく今も、そちらのほうの仕事はなされているとは思いますけども。

まあ、ある意味で、魂的にはちょっと通じるものがあることはある。

だけど、このへんになりますと、あなたがたが言うような「本体《ほんたい》・分身《ぶんしん》の生まれ変わり」というのとは違《ちが》うんですよ。

武田　違うんですね。

マルチン・ルター　何度も言ってますけど、違うんですよ。ジャガイモとかサツマイモなんかの、蔓《つる》を手繰《たぐ》っていくといっぱい出てくるっていうような、あんな感じにかなり近いんです。

あんな感じで、「あなたは私ですか」みたいにお互《たが》いに問いかけても、そうだかそうでないかがよく分からないような状況《じょうきょう》にちょっと近いから、もっと〝上〟に訊《き》いてもらわないと、もう分からないんですよ。どういうつもりで出したのかが分からないところがあるので。

まあ、日蓮にもそういう面はあったとは思うし、日蓮的な人は、たぶん、現代にだって出てるはずです。そういう方が出てこないと、日本での幸福の科学は大きくならないから、きっと、そういう日蓮的な人が、日本の幸福の科学にも出てくるはずです。

必ず出てくるはずですが、あなたがたの仕事が、これから何十年、百年にわたって、今後も日本で続くなら、まだ、どこで用意されているかは分かり切らないところがあるんじゃないでしょうかねえ（注。本収録から一年半後の二〇一五年九月五日に、「日蓮の新霊言」を収録。このなかで、日蓮が現代に転生《てんしょう》していることが明かされた。『日蓮の新霊言』（幸福の科学出版刊）参照）。

『日蓮の新霊言』
（幸福の科学出版）

武田　分かりました。本日は、たくさんのことをお教えいただきまして、まことにありがとうございました。

マルチン・ルター　うん。じゃ、ありがとうございました。

武田　ありがとうございます。

11　ルターの霊言《れいげん》を終えて

大川隆法　うーん。このあたりの方になってきますと、とにかくもう、あまり人間を中心にしてものを考えてはいけないようですね。

武田　そのようですね。

大川隆法　ええ。どうも違《ちが》うようです。

武田　はい。

大川隆法　ですから、神様の持っている手持ちの予備戦力を、いくらでもホイホイと繰《く》り出してきているような感じに見えます。

そのため、この世でかたちを持って現れてくると、ぶつかることもないとは言えないというところもあるようですね。

ある意味では、「イスラム教国」や「キリスト教国」において歴史的に出た人なども、順番にもう少し当たっていかないといけないのでしょう。

本当にヨーロッパ伝道をしたければ、ヨーロッパに出た光の天使たちの霊言《れいげん》をどんどん録《と》っていくと、考え方の筋《すじ》がよく分かってくるかもしれません。

武田　そうですね。

大川隆法　霊的には、私がもう少し働かないといけないということでしょうか。ドイツやイギリス、フランス等に生まれた偉《えら》い人々の霊言を全部出していけば、ヨーロッパ伝道で言うべきことは出てくるのかもしれません。

イスラム教国の伝道をしたければ、やはり、イスラム教に出てきた偉い人々の霊言を録り重ねていく必要があって、「ムハンマドの霊言」だけで攻《せ》めていっても駄目《だめ》なのでしょうね。

その意味で、やはり、もう少し世界地

理と歴史の研究をしていくべきでしょうか。
日本の歴史は、必ずしも宗教中心にはなっていないので、このあたりは努力の余地がありますから、当会のHSU等で研究をしてもよいかもしれません。

武田　はい。

大川隆法　それでは、以上にしましょうか。

武田　ありがとうございました。

ハッピー・サイエンス・ユニバーシティ（HSU）

あとがき

　壁から出てきた悪魔に対して、ルターがインク瓶《びん》を投げつけたという話は有名である。法律家になってくれることを期待していた両親に対して、落雷《らくらい》による神秘体験に、神の御加護《ごかご》を感じて修道士になる道を天命だと主張したルター。どこか現代的な新宗教の誕生を感じさせるルターのいくつかのエピソードに、似たような「召命《しょうめい》体験」を私自身も感じている。

　いずれにせよ、自国語で読める聖書の普及に、国民がある種のナショナリズム的高まりを感じていたのは事実であろう。その人が一生懸命《いっしょうけんめい》に打ち込んだ仕事が、その後、後世にどのような波及《はきゅう》効果を生むかは、意外と本人自身にも分からないものだろう。

さて、日本で私がルターの新公開霊言集を出すことが、ＥＵになんらかの未来効果をもたらすだろうか。答えは、人類史の未来そのものが出してくれることだろう。

二〇一五年　十月二十一日

幸福《こうふく》の科学《かがく》グループ創始者兼総裁《そうししゃけんそうさい》　大川隆法《おおかわりゅうほう》

『公開霊言　ルターの語る「新しき宗教改革のビジョン」』関連書籍

『黄金の法』（幸福の科学出版刊）

『超訳霊言　ハイデガー「今」を語る　第二のヒトラーは出現するか』（同右）

『世界紛争の真実――ミカエル vs. ムハンマド――』（同右）

『中東で何が起こっているのか』（同右）

『ムハンマドの幸福論』（同右）

『ムハンマドよ、パリは燃えているか。――表現の自由 vs. イスラム的信仰――』（同右）

『ゾロアスターとマイトレーヤーの降臨』（同右）

『日蓮の新霊言』（同右）

※左記は書店では取り扱っておりません。最寄りの精舎・支部・拠点までお問い合わせください。

『「ヤハウェ」「エホバ」「アッラー」の正体を突き止める』（宗教法人幸福の科学刊）

『大川裕太のドイツ支部・ロンドン支部　英語座談会』

（大川裕太　著　宗教法人幸福の科学刊）

公開霊言《こうかいれいげん》
ルターの語《かた》る「新《あたら》しき宗教改革《しゅうきょうかいかく》のビジョン」

2015年11月6日　初版第1刷

著　者　　大《おお》 川《かわ》 隆《りゅう》 法《ほう》

発行所　　幸福の科学出版株式会社

〒107-0052 東京都港区赤坂2丁目10番14号
TEL(03)5573-7700
http://www.irhpress.co.jp/

印刷・製本　株式会社 堀内印刷所

落丁・乱丁本はおとりかえいたします

ISBN978-4-86395-731-2 C0014

写真：Randy OHC ／ Nicku/Shutterstock.com ／ André Karwath ／ James A. Fowler
Maria Thrun/MKG ／ Renardeau ／ Cybjorg=David Bjorgen ／ Andrew Shiva ／ Chmouel
Fewskulchor ／ Berthold Werner ／ Stuart Yeates ／ alessandro0770/Shutterstock.com

大川隆法 霊言シリーズ・キリスト教の真髄に迫る

キリストの幸福論

失敗、挫折、苦難、困難、病気……。この世的な不幸に打ち克つ本当の幸福とは何か。2000 年の時を超えてイエスが現代人に贈る奇跡のメッセージ！

1,500 円

パウロの信仰論・伝道論・幸福論

キリスト教徒を迫害していたパウロは、なぜ大伝道の立役者となりえたのか。「ダマスコの回心」の真実、贖罪説の真意、信仰のあるべき姿を、パウロ自身が語る。

1,500 円

ヤン・フス ジャンヌ・ダルクの霊言

信仰と神の正義を語る

内なる信念を貫いた宗教改革者と神の声に導かれた奇跡の少女――。「神の正義」のために戦った、人類史に燦然と輝く聖人の真実に迫る!

1,500 円

福音書のヨハネ イエスを語る

イエスが最も愛した弟子と言われる「福音書のヨハネ」が、2000 年の時を経て、イエスの「奇跡」「十字架」「復活」の真相を解き明かす。

1,400 円

※表示価格は本体価格（税別）です。

大川隆法霊言シリーズ・中東問題の真相を探る

ムハンマドの幸福論

西洋文明の価値観とは異なる「イスラム世界」の幸福とは何か？ イスラム教の開祖・ムハンマドが、その「信仰」から「国家観」「幸福論」までを語る。

1,500円

ムハンマドよ、パリは燃えているか。
―表現の自由vs.イスラム的信仰―

「パリ新聞社襲撃テロ事件」の発端となった風刺画は、「表現の自由」か〝悪魔の自由〟か？ 天上界のムハンマドがキリスト教圏に徹底反論。

1,400円

世界紛争の真実
ミカエルvs.ムハンマド

米国（キリスト教）を援護するミカエルと、イスラム教開祖ムハンマドの霊言が、両文明衝突の真相を明かす。宗教対立を乗り越えるための必読の書。

1,400円

中東で何が起こっているのか
公開霊言 ムハンマド／アリー／サラディン

イスラム教の知られざる成り立ちや歴史、民主化運動に隠された「神の計画」。開祖、四代目カリフ、反十字軍の英雄が、イスラム教のめざすべき未来を語る。

1,600円

大川隆法ベストセラーズ・宗教の違いを考える

父が息子に語る「宗教現象学入門」

「目に見えない世界」を読み解くカギ

大川隆法　大川真輝　共著

霊言、悪霊憑依、病気治しの奇跡――。目に見えないスピリチュアルな世界の法則を、大川総裁と現役大学生の次男がわかりやすく解き明かす。

1,400円

宗教社会学概論

人生と死後の幸福学

なぜ民族紛争や宗教対立が生まれるのか？ 世界宗教や民族宗教の成り立ちから、教えの違い、そして、その奥にある「共通点」までを明らかにする。

1,500円

人間学の根本問題

「悟り」を比較分析する

肉体と魂の探究、さらには悟りまでを視野に入れて、初めて人間学は完成する！ 世界宗教の開祖、キリストと仏陀から「人間の最高の生き方」を学ぶ。

1,500円

幸福の科学出版

大川隆法ベストセラーズ・幸福の科学の使命を語る

宗教の本道を語る

幸福の科学理事長・神武桜子との対談

なぜ幸福の科学は、霊的世界の真実を伝え続けるのか? 大川隆法総裁と神武桜子理事長が、宗教本来のミッションと信仰の素晴らしさを語る。

1,400円

いま、宗教に何が可能か

現代の諸問題を読み解くカギ

大川隆法　大川裕太　共著

政治、経済、歴史、教育……。従来の宗教の枠組みを超えた「現在進行形の教養宗教」の魅力を、さまざまな角度から語り合った親子対談。

1,400円

日蓮の新霊言

「信仰の情熱」と「日本の新しい未来」を語る

1985年の『日蓮聖人の霊言』発刊から30年——。内憂外患の日本に日蓮が贈る、不惜身命のメッセージ。いま明かされる「新世界宗教構想」とは。

1,400円

※表示価格は本体価格（税別）です。

幸福の科学の教えの輪郭が分かる、基本三法

太陽の法

エル・カンターレへの道

創世記や愛の段階、悟りの構造、文明の流転を明快に説き、主エル・カンターレの真実の使命を示した、仏法真理の基本書。8言語に翻訳され、世界累計1000万部を超える大ベストセラー。

第1章　太陽の昇る時
第2章　仏法真理は語る
第3章　愛の大河
第4章　悟りの極致
第5章　黄金の時代
第6章　エル・カンターレへの道

2,000円

黄金の法

エル・カンターレの歴史観

歴史上の偉人たちの活躍を鳥瞰しつつ、隠されていた人類の秘史を公開し、人類の未来をも予言した、空前絶後の人類史。

2,000円

永遠の法

エル・カンターレの世界観

『太陽の法』（法体系）、『黄金の法』（時間論）に続いて、本書は、空間論を開示し、次元構造など、霊界の真の姿を明確に解き明かす。

2,000円

幸福の科学出版

大川隆法シリーズ・**最新刊**

職業としての宗教家

大川隆法 スピリチュアル・ライフの極意

霊的かつ知的な日常生活、霊言収録の舞台裏、知的生産の秘訣など、幸福の科学総裁の新たな魅力が明かされた、女優・雲母とのスペシャル対談。

1,400円

美とは何か
―小野小町の霊言―

人気女優・北川景子の過去世であり、世界三大美女に数えられる平安の歌人・小野小町が語る、世界に誇るべき「日本の美」「言霊の神秘」とは。

1,400円

ここを読むべき!
大川隆法著作ガイド
2015年4～9月度

大川真輝　著

大川隆法著作 28 書の読みどころ&重要ポイントをテーマ別に解説。「どの本から読めばよいか」「次に何を読むべきか」が分かるブックガイド。

926円

※表示価格は本体価格(税別)です。

幸福の科学グループのご案内

宗教、教育、政治、出版などの活動を通じて、地球的ユートピアの実現を目指しています。

宗教法人　幸福の科学

一九八六年に立宗。一九九一年に宗教法人格を取得。信仰の対象は、地球系霊団の最高大霊、主エル・カンターレ。世界百カ国以上の国々に信者を持ち、全人類救済という尊い使命のもと、信者は、「愛」と「悟り」と「ユートピア建設」の教えの実践、伝道に励んでいます。

（二〇一五年十月現在）

愛

幸福の科学の「愛」とは、与える愛です。これは、仏教の慈悲《じひ》や布施《ふせ》の精神と同じことです。信者は、仏法真理をお伝えすることを通して、多くの方に幸福な人生を送っていただくための活動に励んでいます。

悟り

「悟り」とは、自らが仏の子であることを知るということです。教学《きょうがく》や精神統一によって心を磨き、智慧《ちえ》を得て悩みを解決すると共に、天使・菩薩《ぼさつ》の境地を目指し、より多くの人を救える力を身につけていきます。

ユートピア建設

私たち人間は、地上に理想世界を建設するという尊い使命を持って生まれてきています。社会の悪を押しとどめ、善を推し進めるために、信者はさまざまな活動に積極的に参加しています。

国内外の世界で貧困や災害、心の病で苦しんでいる人々に対しては、現地メンバーや支援団体と連携して、物心両面にわたり、あらゆる手段で手を差し伸べています。

年間約３万人の自殺者を減らすため、全国各地で街頭キャンペーンを展開しています。

公式サイト www.withyou-hs.net

ヘレン・ケラーを理想として活動する、ハンディキャップを持つ方とボランティアの会です。視聴覚障害者、肢体不自由な方々に仏法真理を学んでいただくための、さまざまなサポートをしています。

公式サイト www.helen-hs.net

INFORMATION

お近くの精舎・支部・拠点など、お問い合わせは、こちらまで！

幸福の科学サービスセンター

TEL. 03-5793-1727（受付時間 火〜金：10〜20時／土・日・祝日：10〜18時）

宗教法人 幸福の科学 公式サイト happy-science.jp

学部のご案内

人間幸福学部

人間学を学び、新時代を切り拓くリーダーとなる

人間の本質と真実の幸福について深く探究し、
高い語学力や国際教養を身につけ、人類の幸福に貢献する
新時代のリーダーを目指します。

経営成功学部

企業や国家の繁栄を実現する、起業家精神あふれる人材となる

企業と社会を繁栄に導くビジネスリーダー・真理経営者や、
国家と世界の発展に貢献する
起業家精神あふれる人材を輩出します。

未来産業学部

新文明の源流を創造するチャレンジャーとなる

未来産業の基礎となる理系科目を幅広く修得し、
新たな産業を起こす創造力と起業家精神を磨き、
未来文明の源流を開拓します。

未来創造学部

2016年4月
開設予定

時代を変え、未来を創る主役となる

政治家やジャーナリスト、ライター、俳優・タレントなどのスター、
映画監督・脚本家などのクリエーターを目指し、国家や世界の発展、
幸福化に貢献できるマクロ的影響力を持った徳ある人材を育てます。

キャンパスは東京がメインとなり、2年制の短期特進課程も新設します（4年制の1年次は千葉です）。2017年3月までは、赤坂「ユートピア活動推進館」、2017年4月より東京都江東区（東西線東陽町駅近く）の新校舎「HSU未来創造・東京キャンパス」がキャンパスとなります。

教育

学校法人 幸福の科学学園

学校法人 幸福の科学学園は、幸福の科学の教育理念のもとにつくられた教育機関です。人間にとって最も大切な宗教教育の導入を通じて精神性を高めながら、ユートピア建設に貢献する人材輩出を目指しています。

幸福の科学学園

中学校・高等学校（那須本校）
2010年4月開校・栃木県那須郡（男女共学・全寮制）
TEL 0287-75-7777
公式サイト happy-science.ac.jp

関西中学校・高等学校（関西校）
2013年4月開校・滋賀県大津市（男女共学・寮及び通学）
TEL 077-573-7774
公式サイト kansai.happy-science.ac.jp

ハッピー・サイエンス・ユニバーシティ（HSU）
TEL 0475-32-7770

仏法真理塾「サクセスNo.1」 TEL 03-5750-0747（東京本校）
小・中・高校生が、信仰教育を基礎にしながら、「勉強も『心の修行』」と考えて学んでいます。

不登校児支援スクール「ネバー・マインド」 TEL 03-5750-1741
心の面からのアプローチを重視して、不登校の子供たちを支援しています。
また、障害児支援の**「ユー・アー・エンゼル!」運動**も行っています。

エンゼルプランV TEL 03-5750-0757
幼少時からの心の教育を大切にして、信仰をベースにした幼児教育を行っています。

シニア・プラン21 TEL 03-6384-0778
希望に満ちた生涯現役人生のために、年齢を問わず、多くの方が学んでいます。

学校からのいじめ追放を目指し、さまざまな社会提言をしています。また、各地でのシンポジウムや学校への啓発ポスター掲示等に取り組む一般財団法人「いじめから子供を守ろうネットワーク」を支援しています。

公式サイト mamoro.org
相談窓口 TEL.03-5719-2170
ブログ blog.mamoro.org

政治

幸福実現党

内《ない》憂《ゆう》外《がい》患《かん》の国難に立ち向かうべく、二〇〇九年五月に幸福実現党を立党しました。創立者である大川隆法党総裁の精神的指導のもと、宗教だけでは解決できない問題に取り組み、幸福を具体化するための力になっています。

党員の機関紙
「幸福実現NEWS」

TEL 03-6441-0754
公式サイト hr-party.jp

出版メディア事業

幸福の科学出版

大川隆法総裁の仏法真理の書を中心に、ビジネス、自己啓発、小説など、さまざまなジャンルの書籍・雑誌を出版しています。他にも、映画事業、文学・学術発展のための振興事業、テレビ・ラジオ番組の提供など、幸福の科学文化を広げる事業を行っています。

アー・ユー・ハッピー?
are-you-happy.com

ザ・リバティ
the-liberty.com

幸福の科学出版
TEL 03-5573-7700
公式サイト irhpress.co.jp

THE FACT

ザ・ファクト
マスコミが報道しない
「事実」を世界に伝える
ネット・オピニオン番組

Youtubeにて
随時好評配信中!

ザ・ファクト　検索

入会のご案内

あなたも、幸福の科学に集い、
ほんとうの幸福を
見つけてみませんか？

幸福の科学では、大川隆法総裁が説く仏法真理をもとに、
「どうすれば幸福になれるのか、また、
他の人を幸福にできるのか」を学び、実践しています。

入会

大川隆法総裁の教えを信じ、学ぼうとする方なら、どなたでも入会できます。入会された方には、『入会版「正心法語」』が授与されます。（入会の奉納は1,000円目安です）

ネットでも**入会**
できます。詳しくは、
下記URLへ。
happy-science.jp/joinus

三帰《さんき》誓願《せいがん》

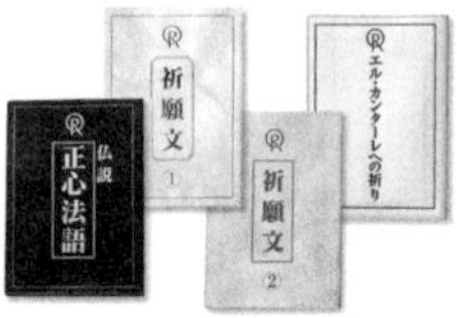

仏弟子としてさらに信仰を深めたい方は、仏・法・僧の三宝への帰依を誓う「三帰誓願式」を受けることができます。三帰誓願者には、『仏説・正心法語』『祈願文①』『祈願文②』『エル・カンターレへの祈り』が授与されます。

植福《しょくふく》の会

植福は、ユートピア建設のために、自分の富を差し出す尊い布施の行為です。布施の機会として、毎月1口1,000円からお申込みいただける、「植福の会」がございます。

「植福の会」に参加された方のうちご希望の方には、幸福の科学の小冊子（毎月1回）をお送りいたします。詳しくは、下記の電話番号までお問い合わせください。

月刊
「幸福の科学」

ザ・伝道

ヤング・ブッダ

ヘルメス・
エンゼルズ

INFORMATION
幸福の科学サービスセンター
TEL. 03-5793-1727（受付時間 火〜金：10〜20時／土・日・祝日：10〜18時）
宗教法人 幸福の科学 公式サイト **happy-science.jp**